JN439436

울타리

현 대 수 필 가 1 0 0 인 선 · 15

울타리

김효자 수필선

좋은수필사

■ 책머리에

수필은 누구나 부담 없이 읽고, 마음만 먹으면 직접 쓸 수도 있는 가장 친근한 문학이다. 다른 영역의 문학이 영상매체에 밀려 신음하고 있는 중에도 수필 인구만은 날로 증가하여 바야흐로 수필 전성시대를 구가하고 있는 이유도 거기에 있을 것이다.

시대적 추세에 힘입어 수많은 수필전문지, 수필동인지가 창간되고, 이에 비례하여 신진 수필가도 날로 늘어나다 보니 이제는 그 많은 작가, 그 많은 작품 중에서 문학성 높은 작품을 가려 읽는 일이 쉽지 않게 되었다. 이런 현상은 작가에게나 독자에게나 결코 바람직한 일이 아니다. 더 나아가서는 수필을 연구하는 후세들에게도 큰 부담이 될 것이다.

이런 문제를 해결하는 데는 출판인도 마땅히 한몫을 감당해야 한다는 평소의 소신에 따라, 본사가 기꺼이 그 역할을 맡기로 했다. 그 첫 번째 사업으로 시대를 대표할 만한 수필가 100인을 선정하고, 작가가 자선한 40편 내외의 작품을 수록한 문고본을 발간하여 이를 널리 보급함으로써 그 소임을 다하고자 한다.

본사는 사명감을 가지고 이 사업을 추진해 나가기로 했다. 작가 선정을 전담할 편집위원회를 구성하고 전권을 위임하여 일체의 사적인 정실이나 청탁을 배제함으로써 전문성과 공

정성을 확보해 나갈 것이다.

따라서 이 기획물 속에는 작가의 문학정신뿐만 아니라, 본사의 문학사적 기여 의지와 편집위원 제위의 수필문학에 대한 애정과 문인으로서의 양심이 함께 담겨 있음을 자부한다. 다만, 작가를 선정하는 기준에는 많은 견해의 차이가 있을 수 있고, 선정 과정에서도 미처 챙기지 못한 부분이 있을 것이라는 사실만은 인정하지 않을 수 없다. 이 점에 대해서는 관계자 여러분의 양해 있으시기 바란다.

이 시리즈의 발간 순서는 작가, 또는 본사의 사정에 의한 것일 뿐 그 밖의 어떤 기준도 적용하지 않았음을 밝힌다.

본 기획물이 시대를 초월한 많은 수필 애호가들의 관심과 애정 속에 우리나라 수필문학 발전에 한 이정표가 되기를 바랄 뿐이다.

2008년 4월

좋은수필 발행인 서 정 환

현대수필가 100인선 간행 편집위원 박 재 식 최 병 호

정 진 권 강 호 형

변 해 명

| 차례 |

1_부

2_부

3_부

4_부

그림속의 나그네

나의 만남 나의 사랑

두고 떠나는 연습

아버지

죽은깨

울타리

묘목苗木을 심고

봄을 기다리는 마음

꽃의 의미

장미

그림 속의 나그네

지난 봄 일본인 화가 안노[安野]씨로부터 그림책 한 권을 선물로 받았다. 다섯 살짜리부터 보는 책이라고 적혀 있었지만 이제 어린이가 없는 우리 집에서는 내가 이 책을 즐겨 보고 있다. 막연히 먼 세계에 대한 그리움으로 가슴이 설레일 때, 그리고 까닭 없이 사방이 닫힌 것 같고 숨이 막히는 듯할 때……, 서성거리던 손에 쉽게 잡히는 것이 이 그림책이다.

잔물결 짓고 있는 먼 바다를 노저어 온 한 나그네가 유럽 대륙 서쪽 끝으로 튀어나온 산기슭에 닿는 장면부터 이 그림책은 시작된다. 배에서 내린 회색 고깔모자의 나그네는 목초 우거진 벌판 속으로 난 하얀 길을 이만치 걸어와 수사슴이 멀찌기 바라보는 데서 한 농부로부터 말 한 필을 산다. 빈 몸으로 이 말을 타고 이제부터 유럽을 두루 도는 여행길에 오르는 것이다. 이 그림책에서는 짐승들도 사람들도 일체 말을 하지 않는다. 남의 마음을 할퀴는 말, 자기를 과시하는 말, 흥정하는 말, 속이는 말, 뜻도 없는 지루한 말들을 지체 없이 다 버리고, 이 그림의 주인공들은 내가 좋아하는 인정 어리고 소박하고 진실한 말만 골라서 몸짓으로 표현한다.

마음속에 있을 때에는 가슴을 활활 불태우던 진실한 언어들도 한번 입 밖에 나면 미지근해지고 그 진실도 순식간에 퇴색해 버리는 것을 이 화가는 익히 알고 있었던 것이다. 나는 그림 속의 인물들의 이와 같은 무언의 이야기에 귀를 기울이면서 천천히 책장을 넘긴다. 나그네는 성문을 지나 고풍한 마을로 들어온다. 마을의 시계탑이 오후 4시 50분을 가리키고 유리창 너머 경대 앞에서 치장하는 아가씨는 5시에 연인과 만날 약속이 있어 조급한 모양이다. 맑은 물이 흐르는 개천 건너 저 멀리 잔디밭에서는 세 어린이가 고리 던지기 놀이를 하고 있는데 고리를 거는 표적대는 개천 이쪽으로 십 마일이나 떨어져 있는 교회당의 뾰족탑 꼭대기에 세워진 피뢰침이다. 그 피뢰침에는 이미 세 개의 고리가 걸려 있고 잘못 던진 한 개의 고리가 지붕을 타고 미끄러져 내려가 바로 아이들 발아래 떨어지려 하고 있다.

거리의 광장 한복판에는 10미터도 더 되는 높은 대가 있고 그 위에 영웅英雄의 대리석상代理石像이 세워졌다. 그런데 한 마부가 이 영웅이 타고 있는 말 고삐를 잡고 거리의 여러 사람들과 함께 천연스럽게 큰 길을 걸어가고 있다. 이와같이 원근遠近과 고저高低의 거리관념距離觀念에서 사람이 일단 해방되고 보면, 그런 세계에서는 대리석에 갇혀 있던 옛 영웅도 준마駿馬도 다시 살아 움직일 수가 있는 것이다.

중세中世와 현대現代가 간극 없이 공존하고 있는 유럽의 고도古都를 이렇게 표현할 밖에 달리 또 무슨 방법이 있었을까. 여기에서는 옛것과 새것의 구별이 없고, 따라서 삶이니 죽음이니 하는 한계도 모호해져 버린다. 상식적인 관념의 올가미들을 톡톡 끊어버리는 화가의 상상력에 나도 어린애들처럼 시원스런 해방을 맛본다. 가벼워진 마음으로 그림의 어린이들이 놓친 빨간 풍선을 따라 책장을 넘겨서 풍차간이 있는 마을에 온다.

때마침 불기 시작한 바람에 낡은 풍차가 끼익끼이익하면서 돌아가기 시작하고 긴 창을 옆구리에 낀 돈키호테가 그 풍차를 향해 돌진해 오고 있다. 충실한 판초도 그 말 뒤를 좇아서 뛰어온다. 이런 풍경에는 아랑곳없이 한쪽에서는 〈밀레〉의 여인들이 부지런히 이삭을 줍고 〈쇠라〉의 신사는 양산 받힌 드레스의 숙녀와 함께 산책을 즐기고 있다. 이사를 하고, 결혼식을 올리며, 빵을 굽고, 닭 모이를 주는 일상생활의 구석구석에서, 안델센과 톨스토이가 얼굴을 내밀고 고호와 밀레와 쇠라의 화폭이 살아 움직인다. 이것들이 생활의 고달픔을 다 중화시키고 런던 타워에서 밧줄을 타고 탈옥하고 있는 죄수의 모습까지도 시화詩化해 버리고 만다.

마침내 나그네는 밀레의 농부가 하루 일을 마치고 감사의 기도를 올리는 들판까지 와서 말을 그곳에 남겨둔 채 언덕을 넘어 어디론지 떠나가 버린다. 저녁놀 빗긴 하늘에는 비둘기가 무리지어 날고 만종晩鍾소리도 은은하게 들려온다.

나는 숨을 크게 내쉬고 마지막 책장을 덮는다.

나그네는 떠나고 나는 다시 일상의 내 방으로 돌아왔다. 나의 방 유리창 너머로 노을 빗긴 하늘이 펼쳐지고 귀여운 까치들이 깍깍 나뭇가지를 날며 지저귀고 있다. 그러나 이런 것들은 나의 현실의 한 부분이요. 부단히 갈구하는 자유를 가두는 우리에 불과하다. 뛰어넘어도 뛰어넘어도 새롭게 쳐지는 생활의 울타리……. 그림 속의 나그네처럼, 시공時空의 제한을 넘어 나도 한 번 훌쩍 날아오르고 싶다.

나의 만남 나의 사랑

주위에 나를 방해하는 사람이 아무도 없고 쫓기는 일도 없는 한가로운 시간이 약간 주어졌을 때, 차 한잔 앞에 놓고 하늘이나 바라보며 멍하니 앉아 있기를 좋아한다. 생활에 얽힌 온갖 책무일랑 먼 것으로 돌리고, 머리도 비우고 가슴속도 다 비워 저기 떠가는 구름만큼이나 가벼워져 보고 싶다는 생각을 한다. 그러리고 있노라면 비우겠다고 하는 나의 기대와는 달리 무엇인가 잔물살 같은 것이, 넘실넘실 밀려와 나를 채워가는 듯한 느낌이 든다. 뿌듯하도록 나를 채워가는 이것이 무엇일까, 이 넉넉함이 어디에서 연유되는 것일까. 알 수 없으나 구차스럽지 않은 시간의 선물에 싸여 있는 것이 싫지는 않다. 그리고 나는 어느새 그리운 사람들을 생각하고 있는 것이다. 아니, 그들을 생각하는 것이 아니고 그들과 얽힌 나의 인생의 발자취를 생각하는 것이리라. 나를 키우고 가르치고 그리고 열심히 살아가도록 이끌어준 많은 사람들, 그들을 모두 내가 만났던 대로 줄을 세워놓고 본다면 그것이 곧 나의 가장 구체적인 인생의 자취가 아닐는지.

그 대열 속에는 얼굴이 검은 시골뜨기 소년이 있다. 겨울에는 얼음이 드는 나의 손을 아픈 듯이 바라보던 그 소년을 나는 첫사랑이라고 정해놓고 있다.

가방을 짊어진 채 마루 끝에 앉아서 학교에 안 가겠다고 때를 쓰며 어린 가정교사를 난처하게 만들던 사랑스런 무영이의 얼굴도 떠오른다. 그러다가도 무영이는 나비가 날아오자 눈에 눈물을 묻힌 채, '….이라 날아오너라'하고 노래했었지. 피난지 부산에서 나에게 발붙일 곳이 되어준 무영이네 식구들을 잊을 수가 없다

여름방학에 광주에 있는 고아원에 가서 함께 봉사했던 마음씨 착한 친구 영순, 긴 머리를 부채바람으로 말리며 달을 쳐다보던 매력 있는 고아원 원장 박순이 선생의 모습, 때마침 그곳을 방문해 주신 함석헌 옹의 백발이 달밤에 더욱 희게 빛났던 생각이 난다. 그 무렵 나는 을지로 입구 대성빌딩에서 토요일마다 열리는 함선생의 특강에 열심히 참여했었다.

훌륭한 스승을 많이 만난 것은 내가 누린 복 중에 가장 큰 복이다. 남을 가르치는 자리에 서고 보니 날이 갈수록 더 절실하게 그것을 느낀다.

초등학교 때 가르쳐주신 김선호 선생님, 일정 말기의 살벌한 시절에 교과서에는 없는 아름다운 노래를 우리에게 가르쳐주신 분이시다. 가난하고 메마른 고향산천에 정을 느끼게 하고 대숲에 부는 바람소리에 귀를 기울일 수 있도록 정서적인 눈을 뜨게 해주셨다. 선생님은 빈 교실에서 풍금을 치는 모습으로 지금도 나에게 다가오고 있다. 슬프고 감미로운 노래가 들려온다.

인생관이라고 할 것까지는 없지만, 내가 앞으로 어떻게 살아가야 할지, 태도가 대충 결정된 시기가 여고 시절이었던 것 같다. 그리고 그 결정에 절대적인 작용을 한 것은 두말할 것도 없이 내게 감명을 준 선생님들과 그분들이 만들어낸 어떤 분위기가 아니었던가 생각한다. 시인이던 박기동 선생, 작곡가이던 안성현 선생, 〈문인〉이라는 말이 딱 들어맞는 조희관 교장, 그분들에게는 재질이 있고 정열이 넘쳤지만 돌아가는 명성은 없었고, 모두가 가난했지만 하늘을 찌를 듯한 긍지가 있었다. 그리고 지나치게 겸손하지도 교만하지도 않았었다. 어떻게 사는 것이 인간다운 긍지를 잃지 않고 문화인으로 사는 길인가를 시골뜨기 소녀들에게 가르치신 분들이다.

나에게는 또 자랑스럽게 기념할만한 사진 한 장이 있다. 대학시절의 스승 일석 이희승 선생님과 일사 이숭녕 선생님이 나의 수필문학상 수상식장에 오셔서 함께 찍어주신 사진이다. 내가 하이힐을 신은 탓도 있지만 사진에서는 두 분 다 나보다

키가 작으시다. 나는 대학에 다니는 동안 줄곧 번지수를 잘못 찾아왔다고 생각했고 지금도 그 생각에는 변함이 없다. 문학을 폭 넓게 배우고 창작을 해보고 싶은 사람이 국문과로 가는 줄 알았었는데 들어가 보니 우리 대학은 전혀 그런 것을 할 풍토가 아니었던 것이다. 지금 방계로 밀려나 타 대학에서 문학을 강의하고 있는 김모 이모 학우들도 아마 나와 같은 체험을 한 사람들이었을 것이다.

그렇지만 대학 4년 동안 위대한 스승들로부터 나는 나 나름대로 무언의 교육을 넘치도록 받았다. 내가 알기로 일석 선생님은 지사이시다. 그분이 하시는 말은 공의롭고 절대로 옳다고 하는 믿음이 나에게 있다. 그리고 그분은 내가 아는 지사들 중 가장 유순하신 지사이시다. 그분은 이렇게 해야 만 된다, 이것만이 옳다고 강경하게 자신의 뜻을 남에게 강요하여 말하신 적이 없으셨다. 다만 나는 이렇게 산다 라고 조용조용 곧은 길을 걸어가셨다.

일사 선생님은 호연지기를 산에서 기르신 분이다. 그리고 그 기개를 젊은이들에게 불어넣으셨다. 그리고 그분은 음운론에 약한 나에게도 늘 큰 산과 같은 의지가 되어 주셨다.

나이를 먹으면서 젊은 친구들이 생겼다. 고물이 된 나의 바테리에 충전을 해주는 사람들이다.

영선생을 생각할 때마다 두 팔에 힘이 생기고 나의 걸음걸이도 활발해진다. 그녀는 당당한 목사이지만 〈김목사〉 라고 부르면 뻗쳐오르는 그의 생명력이 위축될 것 같아 그렇게 부르지 않기로 한다. 그녀는 일본이 최초로 한국에 파견하였던 일본인 사와 목사와 결혼하여 지금은 일본인으로 동경에 살고 있다. 그런데 그토록 철저하게 한국인으로 살고 있는 재일교포를 나는 아직 보지 못했다. 한국인의 기질을 있는 대로 발휘하여 하고 싶은 말을 다 털어놓지만, 일본인들도 그를 무례하다 하지 않고 자기와 자기들이 만들어가고 있는 타락의 문명에 대해 깨인 눈으로 바라볼 수 있는 자극을 받고 있다. 그녀의 강연은 가는 곳마다 성황을 이루었고, 그 감동을 적어보낸 수많은 서신들이 그것을 입증해 주었다. 그녀는 지금 멕시코에서 수개월 동안 배운 스페인어로 설교하고 대화하며 그들과의 우의에 푹 빠져 두 달 동안을 지내고 있다는 소식을 보내왔다. 이런 일이 가능한지 놀라왔지만 그녀라면 능히 해낼 수 있을 것이라고 생각한다. 그는 말로 대화하기보다는 뜨거운 가슴으로 대화하는 사람이기 때문이다. 그녀가 도움이 필요하다고 하면 불원천리 언제든지 달려와 생활 주변의 허드렛일까지 다 거들어주는 한 청년이 있었다. 연애를 하는 것도 아닌데 어떻게 이런 일이 가능할까 의아한 생각이 들었었다. 그러나 오래지 않아 나도 그 이유를 알게 되었다. 의식주에 충족하고 안정된 일이 있고 만성적인 평화가 있는 나라에서, 혼탁의 문화 속에 풀어져 버리지 않고 정신을 추스려 맑고 힘차게 살고자 하는 활력을 그녀에게서 얻는 것이라고. 땅속의 커다란 수맥

이 분출구를 만나 힘차게 솟아오르는 것과 같이 생명력이 약동하는 그녀의 삶은 그것 자체가 설교가 되고 구제가 된다. 나도 그녀의 설교를 여러 차례 들었지만 나에게 감명을 준 것은 그 내용이라기보다는 확신에 찬 그의 목소리가 참으로 아름답고 그것이 우리에게 희망과 용기를 불러일으키는 것이라고 생각되었다.

직장에서 만나는 내가 좋아하는 젊은 동료들도 나에게는 희망의 등불이다. 그들은 나의 시야를 틔워주는 눈과 같은 역할을 해 준다. 그들의 대화 속에는 번뜩이는 것이 있고 새로운 정보도 있다. 그리고 내가 결코 뒤쳐지지 않는다고 하는 자신감을 나에게 갖게 해준다. 그런 의미에서 나와 이야기를 많이 하는 우리집 두 아들도 내게 많은 것을 가르쳐주는 사람이다.

이밖에도 자주 얼굴을 대하지 못하고 그들의 기억 속에 내가 있을지 없을지도 모르는 사람들이 나의 인생 행렬 속에 유난히 또렷한 얼굴을 하고 나타난다. 아름다운 심성이 꽃으로 피어나는 순간을 내가 보았거나, 옳다고 믿는 일을 향해 뚜벅뚜벅 걸어가는 믿음직스런 모습이 마음에 와 닿았거나, 그들의 살아가는 태도에 있어 알게 모르게 나에게 깊은 감명을 준 사람들이다.

젊은 날의 나의 만남은 작은 뜻이나마 그것을 일으켜 세우는데 힘이 되었고 지금 새로운 만남은 삶의 활력소로서 나를 부추겨주고 있다.

사람이 헤어졌다고 해서 만남이 끝나는 것은 아니다. 나의 대열 속의 인물 중에는 이미 이 세상을 떠난 사람도 있고, 살아 있다 하더라도 멀리 떠나 나의 눈길이 닿지 않은 곳에 사는 사람도 많다. 그러나 제각기 자기의 목표를 응시하고 있는 눈길에서 그리고 그것을 놓치지 않던 마음에서 번져 나오는 훈기는 지금도 그리고 훗날에도 나에게 여울져 다가와서 나를 넉넉하게 해줄 것이다.

홀로 있는 시간은 소리 없는 만남의 부활이기도 하다.

두고 떠나는 연습

12월은 세월을 매듭짓는 한 종점의 의미를 갖는다. 그런데 나에게 있어 그 〈종점〉은 언제나 가까스로 와 닿은 하나의 강기슭 같은 것이어서 거기에는 남들이 흔히 말하는 절망감이나 후회 같은 것이 없다.

1백 미터 경주에서 가진 힘을 다 해 뛴 사람이 4등을 했다고 해서 후회하는 것은 무의미한 일일 것이다. 요새는 누구나가 제각기 단거리 선수가 되어 두 주먹을 불끈 쥐고 뛰고들 있다. 사는 것은 곧 뛰는 것을 의미한다. 더 이상 어디에다 채찍을 가하고 무엇을 뉘우쳐야 한다는 말인가?

종점終點에 이르렀을 때 사람들은 무심코 주변을 휘둘러보기도 하고 자기의 텅 빈 손을 허탈한 눈으로 내려다보기도 할 것이다. 두 손, 가득 무엇인가 안고 돌아오기를 기대했었던 사람들은 절망을 느끼기도 했었을 것이며, 내가 왜 무엇을 위해서 뛰었었던가 회의에 빠지는 사람도 있을 것이다.

그러나 가진 것이 없으니 장차 잃을 것도 없는 공백空白의 두 손, 이것은 자유自由를 의미하는 것이 아니겠는가?

나는 이것 저것 많은 일에 관련하고 있기 때문에 끊임없이 두고 떠나는 연습을 하면서 산다. 가령 설거지를 하다가도 출근해야 할 시간이 되면 반쯤 못다 한 설거지통을 척 덮어 두고 핸드백을 메고 훌쩍 떠나와 버리지 않으면 안 된다.

어느날 약속 시간이 임박해서 뛰어 나갔다가 돌아와 책상 위에 내가 쓰다 둔 편지를 보고 쓴 웃음을 웃었다. 어구에 두 글자만 더 쓰고 피리어드만 찍었으면 한 대문 글의 매듭이 지어졌을 편지를 그만큼에서 동댕이쳐 놓고 나가 버렸던 것이다.

43세의 한 출판사出版社 사장社長이 큰 공장을 새로 짓고 빚에 시달리며 동분서주하더니 어느날 갑자기 두 손을 털털 털고 눈을 감아 버렸다. 나는 나의 미완성의 편지에 어미語尾를 적어 넣고 피리어드를 찍어 글을 마무리하면서 문득 그렇게 가버린 J사장社長 생각을 했다. 그리고 나도, 내가 사랑하는 사람들도 언젠가는 모두 그렇게 무책임하게 이 세상을 떠나려니 생각하였다.

나는 나와 가장 가까운 사람으로부터 냉정한 사람이라는 말을 가끔 듣는다. 나는 그를 향해 늘 상냥하게 웃는데도 나를 차다고 말한다. 한 가지 작은 일에서 다른 한 가지 일로 마음과 몸을 회전回轉시킬 때도 적잖은 고통이 따르기 마련이다. 정착定着과 안정安定을 갈망하는 속성을 가진 여성에게 있어서는 더욱 그렇다. 끊임없이 체념하고 끊임없이 포기하는 생활의 연속 속에서 나는 나의 사랑하는 사람들로부터 아주 떠나 버리는 연습, 사랑하는 사람들을 떠나보내는 연습을, 그리고 빈손이 되는 연습을 조금씩 조금씩 해 왔는지 모른다. 세상世上이 불안不安할 때, 가진 것을 손에 움켜 쥐느라고 안간힘 할 것이 아니라 손을 펴고 갈 것은 다 가라고 놓아 줄 수만 있다면 우리의 빈 손에는 평화平和와 자유自由가 그득 담겨질 수도 있는 것이 아닐까? 그러나 그 자유는 언제나 고독孤獨을 벗하지 않을 수 없을 것이다.

세월이 우리를 두고 거침없이 흘러가 버리듯 우리도 멀지 않아 모든 것을 남겨 두고 거침없이 떠나지 않을 수 없게 될 것이 아니겠는가? 나는 우선 이 작은 종점에 무사히 와 닿은 데, 한시름 놓고 감사해야 할 것이다.

아버지

오늘도 그 노인은 뒷짐을 진 채, 꽃 호박이 주렁주렁 익은 담 밑에서 허리를 구부리고 앉아서 밭을 들여다보며 있었다. 축대 밑에 남아 있던 겨우 두세 평 되는 공터를 손보아 만든 밭이다. 자갈이 모질게 깔려 있던 거친 땅이었는데 돌을 주워내어 밭둑을 쌓고 연탄재를 모으더니 어느덧 밭을 만든 것이다. 꽃 호박은 귀퉁이에 심어 담장에 올리고 해바라기는 양옆으로 줄을 세웠다. 뭘 그리 들여다보시느냐고 가까이 가서 아침 인사 겸 나도 영감님처럼 허리를 구부리며 들여다보았다. 쪽파가 쪽 고르게 줄을 서서 이제 막 땅 위로 돋아나고 있었다. 오늘 새벽에 내린 비로 흐뭇이 젖은 땅에서 실팍하게 자라고 있는 그것들이 내 눈에도 귀엽게 보였다.

노인은 잡초 하나 뽑을 때에도 곱게 엄지손가락과 집게손가락으로 쏙 잡아 빼고 그 자리를 다독거려 주었다. 그 어루만지는 듯한 정성이야 백자분白磁盆에 난蘭을 가꾸는 마음과 무엇이 다르랴 싶었다. 흰 고의를 입고 구부리고 있는 노인의 뒷모습에서, 왈칵 아버지의 모습이 떠올랐다. 화초라도 가꿀 수 있는 뜰 있는 집이 마련되면 아버지를 모셔 오자고 하던 우리 마음을 못 알아주시고 아버지는 일찍 돌아가신 것이다. 아버지는 농촌에 살면서도 지게질도 할 줄 모르는 책상 물림이셨다. 그러나 집안에서 채마와 화초를 거두는 일은 무엇보다도 즐겨 하셨다.

초등학교에 들어가기도 전에 어머니가 돌아가셨기 때문에 학교에서 돌아오면 나는 아버지를 부르며 대문을 밀었다. 초가을 햇볕을 눈부시게 등에 지고 채마밭에 구부려 계시던 아버지. 배추를 솎아내거나 쓰러져가는 다알리아에 버팀대를 세워주고 계시던 아버지의 뒷모습을 보면 가슴이 훈훈해지고 마음이 흐뭇했다. 그러나 바쁜 농사철이 되면 아버지는 어찌할 바를 모르고 초조해 하셨다. 넉넉지 못한 농가에서 볏단 하나 나르는데도 남의 힘을 빌어야 했으니 그러기도 하였을 것이다. 날씨가 꾸무럭하고 곧 비라도 올 것 같으면 아버지는 지게를 짊어지고 들로 나가셨다. 남들이 열 두 단을 짊어지는 볏단을 겨우 다섯 다발 짊어지고 비칠거리며 대문으로 들어오시던 아버지, 애기 머슴들의 짐만도 못한 것을 짊어지시고도 휘청거리시던 아버지가 마음에 부끄럽기도 하고 아프기도 했었다.

우리도 볏단을 하나씩 여 나르겠다고 하면 아버지는 그만두라고 호통을 치셨다.

마을 아이들은 늦가을부터 산으로 갈퀴나무를 하러 다녔다. 얼마나 해 보고 싶던 일이던가? 어느 일요일 뒷산에 따라 올라가 솔잎을 긁어모으고 갈퀴로 척척 다져서 깍짓동을 만들어 자랑스럽게 이고 내려왔다가 크게 꾸중을 들은 적이 있었다. 아마 할아버지도 이렇듯 아버지를 꾸중하시며 글이나 읽으라고 하셨을 것이다. 아버지는 이도 저도 아닌 시대의 전환기에 산 한 희생자다.

고향 집을 떠나와 여학교에 다니던 때에도 선창거리 같은 데에서 지게 진 늙은이를 보면 가슴이 뜨끔해지곤 하였다. 힘에 겨운 짐을 지게에 싣고 한 무릎을 땅바닥에 꿇어서 작대기와 땅이 떠받쳐 주는 힘으로 겨우 일어나 균형을 잡을 때까지 앞뒤로 휘청휘청하는 그 모양을 보면 언제나 눈물이 핑 돌았었다.

막일에는 서투르기 짝이 없으시던 아버지도 잔일이라면 무엇이든지 곰상스럽게 하시고, 또 그런 것을 낙樂으로 삼으셨다. 박이 열리면 아버지는 새끼로 또아리를 틀어서 받혀 주고 이리저리 매만져 둥근 달덩이처럼 키워내시곤 하였었다. 우리 집에는 해마다 박과 호박 풍년이 들었었다. 가을에 박을 따다 멍석 위에 쌓아 놓으면 마당에 달덩이가 가득한 것 같았다.

소녀가 담 뒤에서 아버지, 하고 부르며 꽃호박 사이에 얼굴을 내밀고 웃고 있다. 어리광 삼아 불러 본 것이다. 노인은 손끝에 묻은 흙을 털면서 눈꼬리고 웃으며 딸을 쳐다본다. 나도 속으로 가만히 아버지 하고 불러보며 눈시울이 뜨거워졌다.

주근깨

나의 얼굴에는 주근깨가 많이 있다. 여학교 시절에는 짓궂은 남학생들의 놀림도 꽤나 받았다. 어떤 심술쟁이는 '파리똥 파리똥' 하면서 대문 앞까지 졸졸 따라 오며 한사코 놀려대기도 했다. 나는 학교 예술제 같은 때에 연극 주인공 노릇을 했는데 분장을 한 관계로 주근깨가 보이지 않았던 탓이었던지 연애편지 비슷한 것도 꽤나 받았었다. 이런 일과 무슨 관련이 있었는지 알 수 없는 일이지만 나는 나의 사춘기를 주근깨 때문에 고민한 일이 별로 없었던 것 같다.

젊었을 때 어쩌다 미장원엘 가면 〈주근깨만 없으면 얼마나 훤하겠어요. ○○병원에 가면 깨끗이 밀어 준다는데……〉 하면서 친절한 미용사들은 성형외과를 권하기도 하고 특효약에다 별에 별 비방秘方을 귀띔해 주며 시험해보라고 하였다. 그러면 나는 그저 웃으면서 고마워요 하고 대답했을 뿐 그들이 권하는 녹두 물이나 뜨물 세수 한 번 해 본적이 없다.

이상한 것은 아침 저녁으로 거울을 대하면서도 남이 상기시켜 주지 않는 한 내 얼굴에 쪽 깔린 주근깨를 거의 의식하지 않는 사실이다. 미용사 아가씨의 친절한 코치를 받고 있는 동안 거울 위에 확 돋아났던 나의 주근깨는 미장원 문만 나서면 또 어느 샌지 모두 잦아들어 버리는 것이었다. 그리고 이제는 나이를 먹었으니 자연 성형의원을 권하는 이조차 없어져 그것을 의식할 기회도 점점 더 줄어가고 있다.

나의 다정한 친구들은 주근깨 없는 나를 상상조차 할 수가 없다고 하면서 나의 얼굴이 갖는 흠까지도 나의 일부로서 사랑해 주고 있다. 본인이 부끄러워하지도 않고 미워하지도 않는 흠을 남들인들 뭣이 그다지 안타까워 박박 기를 쓰며 미워할 까닭이 있겠는가?

딱히 꼬집어 말하기는 어렵지만, 나는 나의 얼굴, 나의 젊음, 나의 여성을 의식적으로 생활의 무기로 삼으려고 생각지는 않았었다. 그것들은 너무나도 짧고 한계限界가 들여다보이는 밑천이요, 가장 닦이지 않은 원형적인 자산資産이라고 생각되었기 때문이다.

딸은 곱게 길러 시집이나 잘 보내고 싶다는 것이 아직도 우리네 어머니들의 꿈이다. 하기야 아름다운 여자를 바라보는 것은 남자에게나 여자에게나 공통된 즐거움이 아닐 수 없다.

그러나 그 곱다는 것이 어떻게 평생을 살아가는 밑천이 될 수 있을까?

앞 세대를 살아온 어머니들의 생각은 그렇다 해도 내일을 살아야 할 젊은 여성들이 제 용모 제 젊음에만 지나치게 관심을 기울이고, 의존적 생활 무기를 삼으려 하는 속셈이 들여다보일 때, 늘 민망스러운 생각이 들었었다. 겉은 번지르르하지만 밑천이 달랑달랑한 장사꾼 같아 불안하게만 느껴지기 때문이다.

울타리

얼마 전 우리는 도심지에서 사십분 거리나 되는 교외로 이사를 왔다. 통일로를 내려다보는 언덕 위에 앉아 있는 우리 집 앞에는 나직이 아까시 숲이 있고, 블록 담이 별로 넓지 못한 우리 뜰과 숲을 구획하고 있었다. 그런데 이사를 하자마자 밤손님이 들어서, 텔레비전 전기 밥솥 할 것 없이 쓸 만한 세간을 여유만만하게 다 거두어 가버렸다. 이웃들은 아무래도 집들의 담장이 낮아 걱정이라면서 서둘러 블록을 한두 켜씩 더 쌓아 올리고들 있는데, 우리는 앞 담을 확 밀어버리고 3년 생 사철나무를 사다가 생울타리를 만들었다. 이제 겨우 한 자 남짓 되는 놈들을 훗날 차지할 자리까지 봐 가며 듬성듬성 심었으므로 명색뿐이지 울타리랄 것도 못 된다. 그래도 어쩌다 산책 나온 옆집 아주머니는 굳이 울타리를 넘어오는 것을 사양하여서 우리는 그것을 사이에 두고 서서 이런 저런 이야기를 나눈다. 숲을 마음대로 서성이던 마을 개들도 그것을 뚫고 이리로 들어오려면 흘금흘금 눈치를 보며 멈칫거린다. 이만하면 이 어설픈 생울타리도 울타리 본연의 사명은 다하고 있는 셈이다.

어쩌려고 이러느냐고 걱정해 주는 친절한 이웃들에게 이제는 잃을 것 다 잃었으니 속시원히 앞이나 터놓고 살겠다고 농담 삼아 대답하면서, 잃어버릴까 봐 노상 떨고 있을 만한 재보를 가진 것이 없음을 부끄러워할 줄 모르고 초연히 살 수만 있다면 이에서 더 바랄게 무엇이겠는가 하고 생각하게도 된다.

오늘 아침 일찍 뜰에 내려 멀리 내려다보다가 경이의 눈을 크게 떴다. 민첩하게 계절을 안아 들이는 자연의 변모, 이것은 분명 어제 아침의 것은 아니었다. 앞 마을 개천을 끼고 둘러선 짙푸른 포플러에 문득 서늘한 기운이 감돌고, 창릉천을 따라 질펀하게 펼쳐 있는 벌판은 누르스름한 빛을 띠기 시작했다. 벌판 좌우로 겹쳐 선 크고 작은 산들은 밑둥과 봉우리를 어슴프레 갈매빛으로 채색하고 엷은 안개 띠를 허리에 둘렀다. 결실로 내닫는 계절의 표정은 소쇄瀟灑하고도 숭엄하다고 생각된다.

블록 담장을 밀어 버리고 나서 우리 집 정원은 이렇듯 남으로 장장 삼십리는 더 연장된 셈이다. 나는 아이들을 소리쳐 부르려다가 말았다. 내 어릴 적 누가 내 고장의 풍경이 아름답다고 내게 일러 주던가? 그러나 재두루미가 한가롭게 날던 그들이 나의 동공瞳孔에 잦아들어 영원히 지워지지 않듯이, 이 집 앞 들녘의 청아한 초가을 정경은 지금 자리에서 늑장부리는 우리 애들 가슴에 스며들고 있을 것이라고 생각한다. 담장을 높이 쌓고 또 그 위에 철망을 둘러치고 그 속에 모아 둘 재보도 없으므로 자연에 대한 사랑과 신뢰를 가슴 속에 조금씩 안겨 주는 것이 가난한 부모들이 그들에게 준 유산이었음을 우리 아이들도 내 나이가 되면 이해해 주리라고 믿는다.

그러나 밤에 문득 잠이 깨면 장독대에 놔 둔 고추장 항아리가 걱정이 되어 슬그머니 커튼을 들춰보고는 요만한 것도 아직은 마음에서 다 버리지 못한 자신에 대해서 고소苦笑를 금치 못한다.

묘목苗木을 심고

사천 원이면 거저나 다름없다고 하면서 벚꽃 나무 묘목을 그이가 한아름 사들여 왔다. 우리의 소유도 아닌 주변의 아카시아 동산을 벚꽃 동산으로 개조하겠다는 것이다. 생각인즉 그럴 듯하다. 아카시아는 5월 한철 꽃향기를 선사하기는 하나 여름에는 노래기의 온상이 되어 숭글스럽고, 키워보아야 화목으로 쓰일 밖에 별 소용에도 닿지 않는 나무다.

도로 확장과 무허가 건물 철거로 뻘겋게 드러난 상처를 가리기 위해 임시 변통으로 심은 아카시아가 올들어 무섭게 기승을 부리며 자라고 있다. 제 키의 다섯 배 기장으로 뿌리를 뻗는다는데, 땅 밑은 거미줄같이 그 뿌리가 얽혔을 것이다. 이 가냘픈 묘목이 어느 천년에 자라서 가시 돋친 아카시아와 대결을 할 것인가. 산 벚찌를 따 먹은 짐승들의 배설물에서 수북수북

자란 것을 파 온 것이나 아닌가 의심케 하는 이 묘목들은 2년생이라고는 하나 베실베실한 것이 모두 실오라기 같았다. 자그만치 1천 주라고 했다. 내 손이 가지 않으면 사천원은 고스란히 버리게 된다.

종일 걸려 향나무 사이사이에 골을 파고 흙을 이겨가며 묘목들을 심어 놓기는 했으나 썩 흥이 나지 않는다. 연약한 가지가 지탱해 주지 못해서 이미 돋아났던 서너 개 이파리들이 말라 비틀어져 있었다. 될 성싶은 나무는 떡잎부터 안다는데 공력이나 아깝지……. 그런데 몇 차례 비가 오고 나더니 언덕배기가 파래졌다. 돋아나는 잡초 사이사이에서 벚꽃 나무가 다투며 새잎을 파랗게 피우고 있는 것이 아닌가? 그 메마른 줄거리 어느 구석에 생명력이 남아 있다가 조화를 부렸음일까? 대견스럽다.

중 · 고등학교에서 십여 년이나 교편을 잡았지만 유난히 잊혀지지 않고, 어떤 계기에 문득문득 떠오르는 얼굴들이 몇 있다. 중학교 2학년 때, 무단 가출을 하여 부산 등지에서 1주일이나 방랑하다 돌아온 C, 퇴학을 시키느니 어쩌느니 하면서 나는 상담실에서 그를 호되게 얼러댔었다. 머리를 수그리고 앉아 있던 그 측은한 어깨, 그 어깨가 너무 어리고 가냘퍼서 이제까지도 내 눈에서 지워지지를 않는다. 그도 이제는 중년 고개를 바라보며 남편을 사랑하고 자녀를 보살피며 열심히 어디에선가 살아가고 있을 것이다.

손 놀리는 공이 아까워서 그 묘목들을 버리고 싶던 내 얕은 마음이 켕겨서 더욱 부지런히 물도 주고 잡초도 뽑아 주고 하다 보니 어느새 묘목의 밑둥에서 든든한 가지가 돋아나기 시작했다. 나도 이제는 그이와 함께 이것들이 거목으로 자라 동산을 덮을 그 날을 그리며 즐거운 꿈을 가지게 되었다.

이른 봄이면 난만한 꽃구름이 산을 덮고 창릉천 저 건너 마을에서 바라다보면 이곳에는 언제나 분홍 놀이 끼어 있는 듯이 보일 것이다. 이곳을 지나다니는 사람은 자연紫煙에 휘감기고 그윽한 꽃 향기에 감싸일 것이다. 6월이 오면 버찌가 익어 녹음 속에서 흑진주같이 빛나고, 다람쥐의 낙원이 되며, 가을이면 단풍든 나뭇잎이 석양에 투명하게 불탈 것이다. 이것은 내가 누리지 못할 요원한 장래의 일일지 모르나 부질없는 꿈이라고 생각되지는 않는다.

뒷마을 벌판 한가운데 하늘을 덮고 서 있는 늙은 은행나무가 있다. 이제는 너무나 커서 자기의 둘레에 어느 누구의 땅도 아닌 자기 자신의 영지를 소유하고 만인의 나무, 아니 누구의 것도 아닌 나무로 서 있다. 이 나무도 백년 혹은 2백 년 전에는 가녀린 묘목이었을 것이며 어느 손이 있어 밭머리 한 구석에 심고 북돋웠을 것이다. 무성하게 자라 열매도 맺고 늦가을 바람이 불면 쨍 하게 개인 하늘 아래 그 황금의 이파리를 눈보라처럼 날릴 그 날을 꿈꾸면서.

그 나무를 심은 손의 주인공은 가고 그 후손도 흩어져 아무도 이 은행나무의 사연을 아는 이 없어도, 내가 산책길에 이 나무를 바라보며, 철 따라 새로운 감회에 젖고 있지 아니한가? 그 나무를 심은 손이 백년이라는 세월을 무서워하였다면 저 나무가 어찌 저 자리에 뿌리박을 수 있었으랴.

심고 가꾸는 일은 꿈으로부터 비롯되는 것이 아닌가 한다. 그것이 있으므로 모든 수고스러운 손길에는 위안이 따르고, 오늘이 활기에 차며 윤택하여지는 것이다.

자녀를 기르는 부모나, 가르침에 뜻을 두는 스승이, 미래를 그리며 그 날을 손꼽는다 해도 그들의 영광은 내일에 있지 않고 오직 꿈을 품는 오늘에 있다.

거목으로 자라 열매를 맺을 날은 참으로 아득하고, 그 날에는 더 이상 이 세상 사람이 아닐 가능성이 크기 때문에 나무를 심는 사람의 꿈은 순수하고 엄숙하기까지 하다.

봄을 기다리는 마음

초등학교 5학년에서 도시로 전학 온 나에게는 친구가 없었다. 우리 집에서 세 집 건너에 훗날 나의 여학교 시절 재봉 선생님이 된 젊은 여선생님이 살고 계셨는데 그 분은 일찍이 언니들과 서로 친분이 있었다. 애들도 없는 그 집에 나는 가끔 찾아가서 방문객처럼 대문을 노크하였다.

선생님은 언제나 혼자 집에 남아서 손으로 예쁜 것을 만들며 살아가고 있었다. 나는 선생님이 재봉틀 돌리는 것도 들여다 보고 앞치마 주머니에 수놓는 것도 넘겨다보고 하다가 이내 돌아오곤 했었다.

선생님은 초혼에 실패하고 재혼해서도 아이를 못 얻었다고 사람들이 이야기하는 것을 들었다. 배우같이 몸매가 세련되고 언제나 쾌활한 선생님도 철부지 내 앞에서는 속마음에 있는 무언지 애절한 정한情恨 같은 것을 꺼리지 않고 눈빛에 담았다. 창 밖에 진눈개비가 어지럽게 날리던 날 선생님은 큰 수반에다 활짝 핀 개나리꽃을 많이 꽂아 놓고 하염없이 들여다보고 앉아 계셨다. 그 눈에는 물기가 있었다.

봄은 문턱까지 와 있건만 무거운 하늘이 마음을 어둡게 짓누르는 음산한 2월, 나는 이 계절이 참으로 견디기 어렵다. 그 옛날 선생님이 하였듯이 나도 개나리 마른 가지를 꺾어다가 꽃병에 담가 두고 몽우리가 조금씩 조금씩 부풀어 오르는 것을 바라보며 마음을 달랜다. 개나리꽃을 볼 때마다 그 선생님의 모습이 문득 떠오르곤 한다. 선생님은 유별나게 꽃을 사랑했다. 두어 평 정도 되는 좁은 마당에 튤립 꽃만 가득 심어 놓기도 하셨다. 그림에서나 보았던 빨간 튤립 꽃을 실물로 본 것은 그때가 처음이었다.

눈 오는 계절 속에서 앞당겨 피운 개나리와, 한옥韓屋 장독대 곁에 남아 있는 좁은 공간을 메운 튤립. 그때는 일제 말엽日帝末葉이라 그런 것들이 천하에 없는 호사로 보이는 광경이기도 했다. 그러나 그 꽃에 대한 추억 속에도 애절한 향기가 어린다. 내가 중학교 3학년 되던 해 선생님은 우리 학교 재봉 선생으로 부임해 오셨다. 그리고 3년 있다가 6·25사변이 났다. 난리가 지나가고 우리가 다시 학교로 돌아왔을 때 전체가 서른 한 명 뿐이었던 우리 학년에서 한 친구는 그들 손에 희생됐고, 가장 똑똑했던 한 친구는 북으로 넘어갔고, 그리고 재봉 선생님은 피난지에서 돌아오지를 않으셨다.

사변 이듬해 봄 선생님의 거처를 알고 있는 친구와 둘이서 촌부村婦한테 그려 받았다는 어설픈 약도를 가지고 시골로 선생님을 찾아 간 일이 있었다. 선생님의 은거지는 호남 국도에서 서해西海쪽으로 십리는 걸어 들어가는 두메 마을 지층리에서도 고개 하나를 더 넘은 외떨어진 과수원 속에 있었다. 지층리 마을에서 길을 물어 서쪽으로 야산野山 하나를 넘어섰을 때 꽃 냄새가 훅하고 코를 찔렀다. 내려다보니 복숭아꽃이 만발한 과수원이 골짜기에 오붓하게 들어 앉아 있었다.

수건을 쓰고 채마 밭에서 일하고 계시던 선생님이 우리를 보고 달려 오셨다. 무명 수건을 벗으시니 앞 가르마를 반듯이 탄 쪽진 머리가 나타난다. 어디서 구해다 꽂았는지 시골 아낙네들이 쓰는 백동 비녀다. 과수원 한 가운데에 토막 집이 있고 신문지로 도배한 단칸방에 선생님은 혼자 기거하고 계셨다. 오지 항아리에 앵두 꽃이 한 아름 꽂혀 있고, 선생님이 도서관이라 부르는 사과 궤짝 속에는 낡은 책이 서너 권 들어 있었다. 선생님은 동란 중動亂中 인민군에게 강제로 동원되어 갔다가 소식이 끊어 져 버린 부군夫君을 헤어진 그 자리에서 아직도 기다리고 계시는 것이었다. 선생님은 여전히 쾌활하시고 화술에 재치가 있으셨다. 꽃샘바람이 문풍지를 울리는 밤에는 멀리서 남편 목소리가 들리는 것 같아 벌떡 일어나 앉을 때가 있다고 남의 일 이야기하듯 웃으면서 말하셨다. 머리에 쪽을 찌고 토막 집에 박혀 있는 것만이 기다리는 것이냐고 같이 돌아가자고 하는 우리를 보고 〈너희들이 뭘 안다고〉 하면서 소리 내어 웃으셨다. 아직 세상 물정 모르던 우리가 산전수전 겪은 선생님의 심중을 어찌 다 헤아릴 수 있었을까. 어차피 봄은 가고 여름이 오고야 말 것을. 그렇다 해도 감미로운 추억의 샘이 다 마르지 않고 희망처럼 새롭게 햇살이 내리비치는 봄철을 다만 기다리기 위해 살아보는 것 또한 아름다운 삶의 자세가 아니겠는가? 꽃은 언제나 기다리는 사람의 말없는 벗이 된다.

선생님은 우리를 고개 넘어 지층리 동구 밖까지 바래다 주셨다. 들길에 서서 돌아다보니 선생님은 그대로 미동도 않고 서 계셨다. 무명치마에 쪽진 선생님의 모습, 이제 생각하니 그것은 이렇다 할 기대도 바랄 것도 이미 없는데도, 아직도 봄을 기다리는 여인의 감미롭고 애절한 마음의 형상形象이기도 하였다.

내가 대학에 진학한 뒤, 여름 방학을 하고 귀향歸鄕했을 때, 목포의 번화가에서 양장점을 개업하고 있다는 선생님을 만났다. 하늘색 치마 저고리를 가볍게 떨쳐 입고, 굽실굽실 긴 파마 머리가 물결치는 화사한 차림이었다. 그렇지만 나는 복숭아꽃이 다 지려고 하는데 〈찬란한 슬픔의 봄〉을 〈아직도 기다리며〉동구 밖에 서 계시던 선생님의 모습을 더 아름답게 회상한다.

나도 봄을 기다린다. 애태워 기다리던 계절이 나의 팔에 꽃다발 대신 허무한 연륜年輪만을 남겨 주고 뒷걸음질쳐 버린다 하여도 나는 그 〈슬픔의 봄〉을 여전히 기다릴 것이다.

꽃의 의미

일전一錢이라면 겨우 눈깔사탕 두 알을 사는 돈이었는데, 아버지는 연보 돈으로 그 일전을 주시지 않아서 나는 주일학교 가는 것이 재미없었다. 그래도 나보다 두 살 맏이였던 언니는 아버지 눈치를 보아가며, 나를 데리고 오리五里 길을 걸어서 교회에 다녔다.

1939년 내가 초등학교에 들어가던 해 봄이었던 것 같다. 웬일인지 그 날은 주일학교 아이들까지 데리고 교우들이 뒷산으로 올라갔다. 그 산봉우리를 발딱 넘어서면, 할미꽃이 무더기로 피어 있는 분지가 있었다. 산 너머에는 인가도 없고 민둥머리가 된 야산이 겹겹이 멀리까지 펼쳐 있었다.

우리는 거기 잔디밭에 앉아 교회 안에서는 부르지 못했던 찬송가를 불렀다. 〈삼천리 반도 금수강산 하나님이 주신 동

산……, 하나님 명령 내렸으니, 반도강산에 일하러 가세….〉

이로부터 나는 〈반도강산〉, 〈금수강산〉 이라고 하는 하나의 비밀스러운 나라를 마음속에 품게 되었다. 그것은 어디 먼 곳에 있는 아름다운 동네라고 생각하였다. 내 곁에 없는 어머니도 거기에 가 계실까? 우리가 가야 할 그 동네에는 할미꽃들이 활짝 피어 있을 것이다. 거기에 핀 할미꽃들은 시들어 떨어질 때까지 꽃이 아닌 양, 이렇듯 답답하고 어수룩하게 고개 숙이고 있지는 않을 것이다. 속에 감추고 있는 그 꽃 자주 빛을 푸른 하늘을 향해 자랑스럽게 활짝 열고 피어 있을 금수강산, 우리는 그 강산에 일하러 가기를 갈망하고 있는 것이다. 이 날 사람들은 서로서로 예전보다 더 다정하고 은밀하고 활기에 차 있었다.

그 무렵 우리 고장에는 이태를 계속하여 흉년이었다. 먹을 것이 떨어진 마을에는 보송보송한 흙먼지만 일고 사람들은 맥을 못 추었다. 그러나 학교에서 돌아오는 길에 멀리서 바라보는 우리 마을은 언제 보아도 신선이 사는 동네같이 아름답고 반가웠다. 집집마다 심은 살구나무가 일제히 꽃을 피워, 연분홍 꽃구름이 뭉실 마을에 내려 앉은 것같이 보였기 때문이다. 살구꽃은 철없는 어린이들 앞에서 그 남루와도 같은 부끄러운 가난을 가리고, 희망의 빛으로 옷을 입혔다. 가을까지 기다릴 것도 없이 보리 타작 무렵만 되면 살구는 익을 테니까…

나는 또 큰 외숙 댁에서 본 동백꽃도 잊을 수가 없다. 낙향

한 선비의 후예라고는 하나 반 농군이 다 된 큰 외숙은 쪼들린 살림을 하고 계셨다. 무슨 일이 있어 갔었는지 언니와 함께 먼 길을 걸어서 외숙댁을 찾았을 때, 점심 대신 삶은 고구마를 먹고 동백 기름 한 병을 선물로 받아 가지고 돌아왔다.

아홉 살 때 한번밖에 보지 못한 키가 장대한 큰 외숙이, 의젓한 은둔자의 모습으로 내 기억에 남아 있는 것은 뒷뜰을 둘러 피어 있던 수십 그루의 동백나무 노목 때문인 것 같다. 때마침 꽃이 한창이어서, 아침에 쓸었을 뒷뜰에는 낙화된 동백꽃이 쪽 깔려 있었다. 떨어져도 시들 줄을 모르는 그 윤기와 싱그러움….

첫 아이를 낳아 팔에 안고 청량리 위생병원에서 나올 때, 길 따라 울이 되어 피어 있던 개나리, 그 광명의 황금빛은 지금 생각해도 눈이 부시다. 그 노랑 빛깔 속에는 언제나 내 곁에 앉아 갓난 애기를 안고 드려다 보고 있는 평화로운 남편의 얼굴이 있다.

꽃은 철 따라 저 혼자서 피고 또 진다. 그러나 내가 생활 속에서 만난 이 꽃들은 하나하나가 의미를 가지고 나의 생활을 윤택하게 한다. 고난 속에서도 꽃은 꿈을 키워 주고, 가난도 부유하게 하며, 아름다운 추억은 더욱 찬란하게 한다.

장미

분홍 장미꽃은 봉오리에서 그 첫 꽃 이파리가 반만 벌어지기 시작할 때가 가장 사랑스럽다. 입을 꼭 다물고 있는 고운 소녀를 생각케 한다. 그리고 두 잎 세 잎 꽃잎이 벙글어져 속잎과 겉 잎에 은은한 색깔의 농담濃淡을 지으면서 피어나기 시작할 때는 누구나 그 꽃을 탐내지 않을 수가 없다. 나는 뜰을 하릴없이 오락가락하면서 그 꽃송이들이 재잘대는 소리에 웃음을 보낸다. 여자대학 주니어들이 웃으며 지껄이며 숲 속 길을 걸어 내려오는 것 같다. 그녀들은 나의 눈엔 미인 아닌 사람이 없다. 가다가 어딘지 자신 없어 하는 젊은 아가씨를 보면 나는 안타까운 생각이 든다. 〈모든 가능성이 당신의 젊음 가운데 있는데 무엇을 망설이는 거예요!〉 하고 어깨를 흔들어 주고 싶다.

장미는 마침내 꽃잎들을 활짝 뒤로 제치고 노란 꽃술을 드러낸다. 이렇게 되면 이미 장미가 아니다. 함박꽃인지 접시꽃인지 분간할 수가 없다. 그런 꽃송이들은 많이 널려 있을 때일수록 더욱 너절하다.

제주도 관광을 온 무슨 모임의 아주머니들이 십여 명, 용머리 바위에 올라 앉아 떠들어대며 사진을 찍으려다가, '여자들이 용머리에 올라서 되느냐, 빨리 내려오지 못하겠는가'라고 호통을 친 그 마을 영감님과 소리소리 지르며 싸우던 모습들이 생각난다. 여자들이 라고 못을 박은 그 영감님의 말투가 아닌 게 아니라 나의 귀에도 거슬렸지만, 울긋불긋한 등산복 차림에 모자까지 쓴 4~50대 아주머니들이 무더기로 서서 기승을 부리고 있는 모습은 차마 오래 보고 있기가 민망하였다. 친구들이 여럿이서 어디 가까운 데 여행이라도 가자고 제의해오면 나는 늘 제주도에서 본 광경을 생각하고 망설이게 된다.

며칠 전 나는 꽃 가위로 활짝 피어 산발한 장미 송이들을 잘라내 버리려고 하다가 그래도 어쩐지 아까운 생각이 들어 망설였다. 그 중 제일 많이 피어 버린 꽃 한 송이만을 따 들고 방으로 들어왔다. "여보, 이 장미꽃이 꼭 나 같지 않아요?" 하니 책상에 앉아 무엇인가 쓰고 있던 남편이 흘끗 돌아다보며 건성으로 "응" 하고 대답하고 다시 하던 일에 열중한다. 나는 속으로 쓴 웃음을 웃었다.

부엌에 들어가 말갛게 닦아 놓은 양주잔에 수돗물을 찰찰

넘치게 따라다가 내가 책상으로 쓰고 있는 큰 소반에 놓고 꽃송이를 그 위에 얹었다. 대추빛 소반 위에 투명한 유리잔, 그 위에 사뿐 앉은 늙은 장미, 그러나 그것은 돌연히 여왕과 같은 모습으로 변모하는 것이었다. 노오란 꽃술은 왕관 같고, 너울거리는 꽃 이파리는 치마 자락 같다. 나는 그 황홀한 모습에 속으로 탄성을 울렸다. 다 핀 꽃송이도 그 놓이는 자리에 따라 이렇게 그 면모를 새롭게 하거늘 하물며 사람에 있어서랴. 더우기 사람은 그가 놓일 자리를 스스로 선택하고, 그 자리를 가꾸어 갈 수도 있는 것이 아닌가.

2부

세모歲暮의 거리에 서서

종로 거리에서 돌아가는 차를 잡으려고 뛰어다니다가 문득 빌딩 모서리로 설핏 지려 하는 저녁 해를 보았다. 햇살을 다 거두고 덩실하게 그 윤곽을 드러낸 빨간 애드벌룬 같은 해. 지는 해를 바라다보니 지금 무엇을 위해 내가 이다지도 서두르고 있는가 허망한 생각이 든다. 동대문 쪽에서는 희미한 구름 조각 같은 열 하루 달이 떠오르고 있었다.

세모歲暮의 거리. 종종걸음을 치는 사람들의 행렬과는 역逆으로 유유히 하늘 위를 흐르고 있는 시간의 모습… 세월의 작은 단위單位 앞에 초조로운 사람들의 심경에는 아랑곳 없이 시간은 초연하게 언제나 같은 템포로 가고 또 온다.

오늘 아침 칠십 오 세의 나의 고모님이 돌아가셨다. 아버지의 4남매 중 마지막 남은 한 분이시다. 이렇게 하여 외가外家

친가親家 나의 부모님 세대가 이 세상에서 막을 내려 버린 것이다.

고모님은 말 수가 적고 온후하고 무슨 일에나 실천력이 있는 분이었다. 신식 공부를 한 고모부가 선을 보고 가서, 글을 모르는 것이 성이 차지 않는다고 찜찜한 반응을 보이자, 고모는 과히 총기가 있는 것 같지도 않던 그 머리로 일주일 만에 한글을 깨치고 자유로이 읽고 쓰고 했었다 한다. 그 때 고모님의 나이 열 아홉살, 반세기도 넘는 그 옛날의 이야기다. 나는 여리고 풋풋한 첫사랑의 향기를 풍겨 주는 이 이야기를 큰언니로부터 듣는 것이 언제나 즐거웠다. 등잔에 심지를 돋우어 가면서 가슴 조이며 그 고모에게 글을 가르치신 새댁 적 나의 어머니의 모습도 그 이야기 속에 나오는 그리운 한 폭의 그림이다. 어머니는 내가 여섯 살 되던 해에 돌아가셨다. 가는 세월 속에 묻혀 사라져 버리는 그리운 얼굴들…….

그러나 세월이 그 무심한 흐름 속에 거두어 가버리는 것이 어찌 사람 뿐이랴! 어머니가 돌아가신 뒤 사람들은 오래 오래 그 총명한 사려와 손재주를 아쉬워했고, 나는 고모님의 두터운 정을 그리워한다.

해박한 학식을 쌓은 노 석학老碩學을 대하면, 문득 저런 분의 정신력도 육신의 소멸과 함께 지구상에서 영원히 사라지고 마는 것일까 하는 생각에 가슴이 꽉 메이곤 한다.

돌아가신 치옹 윤 오영 선생님은 만년에 병석에서 나에게 이런 푸념을 하신 일이 있다.

〈나를 무보수라도 좋으니 서울대학 강단에 두 달만 세워 준다면 뜻이 있는 문학도들에게 최소한 그 나아갈 길에 대해서 계시만이라도 줄 수 있을 터인데…….〉

평생을 두고 정진精進하여 터득한 문학에 대한 깨달음을 전수할 제자가 그 분에게 없었다는 것은 슬픈 일이었다. 나는 하루라도 더 많이 그 분의 말씀을 듣고 마지막 가는 길을 위로해 드리려 하였지만 그것마저도 뜻대로 되지 아니하였었다.

사람이 유한有限한 시간을 살면서도 이윽고 흙이 될 그 한 치 가슴 속에 영원토록 남겨 두고 싶은 보배로운 뜻을 능히 품을 수 있다는 것은 또 얼마나 놀라운 구원救援이랴.

〈위대한 사회〉를 꿈꾸던 플라톤도, 공자도, 율곡도, 마침내는 정치政治 에의 뜻을 버리고 교육에 투신하여 생애를 마쳤었다. 그 전신轉身의 뜻을 이제야 어렴풋이 알 듯도 하다.

이 해도 지금 마지막 가려 하고 있다. 나의 부모님 세대는 오늘로서 다 가고 어느새 내가 돌아갈 세대의 맨 앞 대열에 서게 되었다.

세모의 거리에 서서, 허공을 짚은 듯 내 마음이 이토록 허허로운 것은 가는 세월이 아쉬워서가 아니라, 내 마음이 가난해서이다.

서울의 시詩

참으로 아름다운 것은 우리를 감동케 하지만 격정激情으로 몰아넣지는 않는다. 이유를 달 것도 없이 곧장 가슴 속으로 밀려 왔다간 또 밀려가는 것이다. 보리밭 이랑에 이는 가벼운 물결처럼 그렇게 맑은 바람을 일으키며……. 그래서 나는 눈물을 많이 흘리면서 보는 영화를 싫어하고, 머리를 쥐어짜며 도전하는 자세로 읽어야 하는 시를 좋아하지 않는다.

광화문 네거리에서 중앙청 앞에 이르는 길은 우아한 은행나무 가로수가 사철 새로운 정취를 담고 있어 좋고, 잔디에 잔손질도 잘 가 있어 상쾌하다. 그리고 이 길을 차로 지날 때면 나는 늘 〈북악과 삼각이 형과 누이처럼 서 있다〉고 노래한 시인의 발견에 감탄하면서, 정겨운 이 산들을 바라보는 즐거움을 갖는다. 그것들은 언제 보아도 풍모가 의젓하고 육중하여 야산에서 찾아볼 수 없는 군자다운 데가 있다.

빗물에 씻긴 북악산의 밋밋한 바위는 언뜻 보아 산의 상처 같기도 하지마는, 그러나 연륜이 쌓은 권위權威 같은 것을 풍기므로 그 청청한 인상을 덜지는 아니한다.

나는 나의 시선을 좀더 많이, 뒤에 서 있는 삼각산에다 준다. 저만치서 달관達觀한 자세로 서있는 이 산들은 맑게 갠 날도 늘 엷은 안개로 휘덮여 있어, 그 갈매 빛 베일은 더욱 아득하고 먼 곳으로 나의 마음을 이끈다.

≪아아! 먼 것은 이다지도 그리운 것≫

보들레르가 아니더라도 사라져버린 것, 손에 잡을 수 없는 아득하고 먼 것은 언제나 동경의 세계를 담고 있어 향수와 같은 그리움을 갖게 한다. 특히 사는 일이 피곤하고 때로 회의에 빠져 불안할 때에라도, 눈을 들어 먼 곳을 바라볼 수 있는 마음의 여유만 가져볼 수 있다면, 서울의 아름다운 연봉들의 의연한 자태는 돈화문에 이르는 길목에서, 원남동 로타리에서, 신설동에서, 차를 타거나 걸어서 가는 모든 사람을 그 혼미에서 건져 줄 수도 있을 것이라 생각해 본다.

삽시간에 중앙청이 산을 바라보는 나의 시선을 가로막는 것을 늘 아쉬워하면서, 언젠가는 천천히 이 길을 걸으며 이 감흥을 음미하리라 마음먹지만, 어쩌다가 그 길을 걷게 될 때에는 또 생활에 사로잡혀 그 일을 까마득하게 잊곤 한다.

북악산을 뒤로 돌아 스카이웨이로 팔각정에 오르면 서울이 한눈에 들어온다. 일본인 관광객을 안내하는 수다스러운 안내원을 예외로 하면, 이 곳에서 시가지를 내려다보는 사람들은 별로 말이 없다. 모두 자기의 생활권에서 한 걸음 성큼 물러선 사람의 여유 같은 것을 가지고 스스로 탈속한 느낌으로 부글부글 끓고 있는 듯한 시가지를 말없이 내려다보는 것이다. 이때 서울은, 은하수 담배, 매연, 새마을운동, 부정 식품·세미나…… 하면서, 좀 서투르고 생소한 어휘들을 나열하여 가며 목이 쉰 듯한 불협화음으로 현대시라도 읊고 있는 것같이 보이지만, 사람들의 얼굴에는 모두 애교로 받아들이는 따뜻한 표정들이 떠돈다.

사랑은 미움보다 아름다운 것! 그래서 서울 사람들은 핏대를 올리며 걷어붙였던 팔뚝을 내리고, 일요일 새벽 네 시에 낚싯대를 메고, 더러는 등산화를 신고 총총히 서울을 벗어났다가도, 해가 지면 조금은 사랑하는 마음을 되찾아 가지고 다시 그 거대한 품속으로 돌아오곤 하는 것이다.

북악산정北嶽山頂에서 내려다보이는 북쪽 골짜기는 나의 마음에 간직 하였던 성지聖地였다. 수도원修道院이거나 기도원祈禱院일시 분명하다 고 혼자서 오래오래 단정 짓고 있었던 그 골짜기 빨간 지붕의 돌집이 호텔로 단장이 되고, 상상의 날개를 마음껏 퍼덕였던 그 넓은 초원에는 거대한 빌딩이 서고,

세검정洗劍亭과 정릉을 잇는 외곽 도로 外廓道路가 옛 개울 물길을 바꾸어 놓았지만 내가 좋아하던 그 돌집은 옛날의 품위를 잃지 않는 채 여전히 고독과 우수의 그림자를 담고 있다. 골짜기를 침투한 문명도 그 곳에 오래 자리 잡고 있었던 고색古色이 어린 정밀靜謐을 아주 쫓아 버리지는 못하였다.

서울은 그 등 뒤에 이러한 고독과 우수의 골짜기들을 수없이 간직하고 있고, 또 품에 품고도 있다. 경복궁 모퉁이에 있는 몰락한 양반들의 옛 동네, 이끼 돋은 고궁의 뒷담, 오래 단청을 못한 칠궁七宮, 30촉 백광등을 켠 금화산 밑 초가집들.

나는 어쩌다 해질 무렵 서울역에서 서대문으로 버스를 타고 돌아오게 되는 행운을 만나면, 염천鹽川다리 옆을 지나는 그 짧은 순간, 만리동 고개 넘어가는 서쪽 언덕을 바라보는 즐거움을 갖는다. 고개 마루에 서 있는 교회당의 첨탑尖塔은 분홍으로 물든 엷은 구름으로 해서 더욱 우뚝하고 주변의 오두막들은 교회당의 침묵으로 해서 모두 잠잠하다. 그 정경을 바라보고 있으면 내 마음속에는 밀레의 그림 속에서 울려오는 것 같은 종소리가 은은히 들려온다. 서울역 부근의 러시 속에서 맛보는 이 적막감! 이때 서울은 모든 사람에게 이방 지대인 것 같고, 그로 인해 외로워 하는 서울이 아릿하게 가슴에 느껴온다.

외로운 모습은 영화로운 모습보다 아름답고, 서글픔은 즐거움보다 순수한 것. 나의 생활 주변에 숨겨진 이 아름다운 자연이 읊은 소박한 시를, 시인의 매개媒介 없이 들어보는 것은 참으로 즐거운 일이다.

영원한 향수鄕愁

수일 전 처음으로 미주美洲 땅을 방문하였다. 어린아이와도 같은 경이의 눈으로 이 탁 트인 대륙을 바라보았다. 뉴욕에서 워싱턴으로 가는 기차 속에서 나는 옆에 앉은 미국인 할머니에게 저 무한대로 뻗은 숲과 끝도 없이 버려진 광야가 다 임자가 있는 것이냐고 물어보았다. 할머니는 어깨를 으쓱하며 모른다는 시늉을 해 보이며 미소지었다. 그들에게는 그런 것을 알 필요조차 없는 것이리라. 저 망망한 광야에다 소유의 한계선을 그으려는 것은 좁은 땅에서 한 뼘 땅을 다투며 살아가고 있는 한국 사람다운 사고思考 인지도 모를 일이다.

〈우드버리〉라고 하는 아담한 주택지에 자리잡은 송희네 집에 일주일 묵는 동안 집 밖에서는 일체 사람 사는 소리가 들려오지를 않았다. 사람들이 너무 넓게 땅을 차지하고, 너무 멀리 살고 있다는 느낌이 든다. 비교해 보니 우리 한국에서는 얼마나 사람들이 서로 밀착되어 살고 있는지 새삼스럽게 실감된다. 늦잠을 즐기는 휴일 날 같은 때 차분한 마음으로 자리에 누워서 들으면 담을 넘고 창호지 바른 창문을 통해서 들려오는 생활의 소리들이 정답게 가슴에 잦아든 때가 있었다. 〈아가, 아나, 아나……〉하면서 우는 아기를 달래는 엄마의 목소리, 양재기 부딪히는 설거지 하는 소리, 개를 꾸짖는 소리, 골목을 누비는 채소장수의 탁 트인 목소리, 마음속으로나마 현실에서 한 발짝 물러나 이렇게 새소리 듣듯 생활의 소리를 들은 때면 비좁은 땅에서나마 코를 맞대고 어깨를 비비대며 이렇게 살아가는 것이 가장 행복한 생활인 것처럼 느껴지기도 했다. 그러나 일단 자리를 털고 일어나 몽롱한 환상을 털어버리고 자신의 생활 속으로 돌아오면 그것은 한낱 잃어져 가고 있는 한국적인 것에의 그리움으로 채색된 백일몽이었음을 깨닫게 된다.

나는 가끔 사업상의 일로 남편과 함께 전국의 거래 서점들을 한바퀴씩 도는 때가 있다. 경부고속도로를 따라 내려갔다가 남해선을 돌아서 다시 호남선을 타고 올라온다. 중요 도시를 다 둘러 일을 보고 돌아오는데 고작 사흘이면 족하다. 고속도로가 사방으로 트이어 전국이 하루 생활권 속으로 들어오게 되니 이렇듯 우리의 생활 무대는 손바닥 위에 올려 놓을 수 있을 만큼 그 좁은 한계선을 드러내 놓았다. 우리의 땅은 너무나도 좁다. 지금에 와서 우리는 혈육을 갈라 놓은 통분과는 또 다른 의미에서 휴전선을 아프게 의식하지 않을 수가 없게 되었다. 그것은 경제적으로 뻗어야 할 우리의 숨구멍을 바짝 조이고 있는 하나의 밧줄로서 목 둘레에 의식되는 현실적인 감촉이다.

서울의 젊은이들은 담벼락 연애를 한다. 고궁의 담을 끼고 돌다가 더 갈 곳이 없어 그냥 담에 기대어 서서 손도 못 잡고 얼굴을 쳐다보며 이야기를 나누다가 헤어진다. 명동의 오후는 숨이 막혀 발 들여 놓기조차 어렵고 대학 입시를 위해 치열한 경쟁의 물결은 책가방과 함께 오후 다섯시의 종로 거리를 메운다.

비행기에서 내려다 보는 산골짝 골짝에 어느 곳 하나 인가가 박히지 않은 곳이 없고 거기 무덤이 상채기처럼 널려져 있다. 이 많은 인구가 이 좁은 땅에서 굶지 않고 먹으며 입고 자고 나날이 조금씩 더 잘 살아가게 되고 있는 것이 기적이라는 생각이 들기조차 한다.

휴전선의 장벽은 날로 굳어가고, 바다로 트인 길도 막히어 간다. 우리의 어선들은 12해리 선포에 쫓겨 펄럭였던 깃발을 접고 되돌아오고 있다. 땅이 비좁은 우리에게 열려 있는 활로는 어디에 있는 것일까?

며칠 있다가는 다시 원점으로 돌아가게 될 나이기는 하지만 탁 트인 미대륙을 앞에 두고 가슴이 활짝 열리는 기쁨을 느끼지 않을 수가 없었다. 지구의 어느 한편에 아직도 사람이 살 수 있는 여유의 땅이 있다는 것을 내 눈으로 확인한다는 건

감격이 아닐 수 없다. 대자연은 하느님이 주신 선물이요, 누구나 누리는 자가 그 주인이 된다. 더구나 수 많은 우리의 동포들이 이 땅에 건너와 여기 든든히 뿌리를 박고 가지를 뻗어 가고 있는 것이다. 그들은 이 대륙에도 우리의 생활 무대를 트는 우리의 프론티어 들이라고 할 수 있다.

대륙에 온 동포들의 눈은 오직 대륙을 향해 빛나기를 바란다. 시인은 언어의 장벽을 뚫어야 하고 실업가는 코리아타운의 담을 뛰어 넘어야 한다. 뭉쳐서 밖으로 터뜨릴 힘을 모으기 위해서 한 덩어리가 되어야 하지만, 저희들끼리 움추려 들기 위해 담을 쌓아서는 안 된다. 나약한 언어로 고국의 대소사에 신경질적으로 집착하는 것은 대륙에 사는 사람의 자세는 아니다. 그들의 드높은 뜻은 이역 땅에서 확고하게 자기를 세워 하나의 거목이 되는 일이 아닐까? 그러나 그 거목巨木의 나뭇가지에는 진달래 같고 살구꽃 같은 우리의 꽃이 피기를 나는 소원한다. 그것은 아기가 울고, 개가 짖고, 두루미가 논에 내려 앉는 고국을 향한 사랑의 결정結晶이다.

나는 지금 여기 사는 사랑하는 벗들과 함께 아련한 향수에 젖어 든다. 그것은 내일 모레 내가 돌아가게 될 그곳을 그리워함이 아니다. 그것은 차라리 영원한 우리의 것에 끌리는 사랑이라고 할 수 있을 것이다. 그래서 향수는 영원한조국애요 민족애다.

도시都市들의 빛깔

내가 뉴욕으로 갔을 때는 4월이라 봄도 이미 중허리에 접어든 계절이었는데 하늘을 찌르는 빌딩의 숲으로 된 〈맨하탄〉거리는 언제나 으스스한 빌딩의 골바람이 불고 있어 뒹구는 휴지 조각들의 난무와 함께 음산하기 이를 데 없었다. 그러나 원색을 대담하게 처리하여 입는 뉴요커들의 다채로운 옷 빛깔이 그 음울한 잿빛을 중화시키고 거리에 활기를 불어 넣고 있는 것같이 보였다. 맨하탄에 있으면 제 나이를 생각하여 옷 색깔 같은 것에 구애 받을 필요는 전혀 없는 것이다. 내 옷차림이 너무 우중충하다고 나에게 친구가 준 빨간 바지를 즐겨 입고 뉴욕 거리를 아무 거리낌 없이 활보하였다.

그러던 것이 런던에 건너와서 그 빨간 바지를 입고 거리에 나섰다가 무언지 거북하여 견딜 수가 없어서 다시 호텔로 돌아와 옛날 즐겨 입던 수수한 다갈색 양복으로 갈아입었더니 마음이 다시 차분하여졌었다.

육중한 돌로 높이를 제한하여 지은 중세풍의 건물들이 점잖게 줄을 서고 창마다 약속이나 한 듯이 하얀 레이스로 된 커튼을 드리우고 있는 런던 거리에서 빨강이나 초록색 옷은 분위기에 흡수되지 않고 물위의 기름처럼 둥둥 떠 있는 것 같은 느낌을 주는 것이었다. 아닌 게 아니라 눈에 거슬리는 빛깔을 입은 사람은 거의 틀림없이 미국인 관광객들이다. 런던 사람들은 도시의 건물들과 조화되는 배지 색이나 아이보리색 옷을 즐겨 입고 있는 것 같이 내 눈에 비치었다.

파리에 와서는 머플러를 즐겨 매고 다녔다. 별로 비싸지 않은 긴 머플러를 여러 개 가지고 다니면서 바람이 부는 날은 머리를 동여매기도 하고, 목에 감기도 하고 블라우스 위에 매기도 하였다. 조금은 자기가 젊어진 것 같고 낭만적인 여정旅情에 잠겨 보기도 했다. 빠리쟝들은 대수롭지 않은 머플러 하나로 액세서리를 삼고 멋을 부리는데 그것이 샹제리제니 몽마르뜨르니 하는 거리의 이름과 그렇게 잘 어울릴 수가 없었다. 세련된 수수한 색깔이다.

프랑크프르트로 건너오자 나는 발이 편해서 애용했었던 빨간 샌들을 벗어서 가방 속에 집어넣고 친구가 빌려준 투박한 브라운 색 단화를 신고 다녔다.

내가 다녀본 곳에서 정거장에 포터가 없는 곳은 독일 뿐이었다. 그 나라 장관이 기차를 탔다 해도 자기 짐은 자기 손으로 날라야 할 판국이었다. 이러한 사소한 차이에서 독일 사람은 근검하다고 하는 인상이 풍기는지도 모르겠다. 사람들이 모두가 건장하고 씩씩하게만 보였다. 그러니 이런 곳에 와서 머플러를 나부끼며 낭만적 흥취에 젖는다고 하는 것은 당치도 않은 일일 것이 분명하다.

이렇게 말하다 보니 내가 무슨 패션에 매우 관심이 많은 멋쟁이인 양 여겨질 염려가 있는데 실로 나는 그런 것과는 매우 거리가 먼 사람이다. 다만 짧은 시일 안에 여러 나라를 휙 돌고 왔기 때문에 오래오래 거기 머물러 사는 사람이 느낄 수 없는 하나의 작은 차이점을 그저 피부로 느낄 수 있었던 것 뿐이다. 그러고 보니 사람들도 자기가 살고 있는 환경의 한 부분이라고 하는 생각이 들었다. 주어진 역사적 전통과 자연을 토대로 제각기 특색이 있는 현재라고 하는 환경을 이룩하고 사람들은 그 속에서 제각기 적응하여 조화를 이루고 살아가고 있는 것이다.

우리는 흔히 아름다움은 조화調和에서 이룩된다고 이야기한다. 맨하탄 거리에서 아름답게 보이던 〈뉴요커〉를 빠리의 거리에 갔다 놓았을 때 오히려 거북하게 보일 수도 있는 것은 세느 강가에 마로니에가 피는 빠리와 마천루의 그늘이 짙게 드리운 뉴욕과는 이미 그 배경이 다르기 때문인 것이다. 여기에서 선불리 문화의 심천을 따지거나 미감美感의 우열 優劣을 따지는 것은 옳지 않은 일이다.

일본의 한 환경 디자이너가 〈아름다운 환경이란 잘 정돈된 좋은 집과 반듯이 구획된 가로수 길이 있는 그런 장소를 의미하는 것은 아니다. 현대에 있어 아름다운 환경이라 함은 다양한 것들이 제가끔 개성을 발휘하면서 서로서로 조화를 잃지 않고 있는 것을 의미하는 것이다.〉라고 말하는 것을 들었다.

지금 우리가 살고 있는 서울을 새삼스럽게 한 번 둘러보면 급진적인 변모에 놀라움을 금할 수 없다. 뉴욕이나 동경만큼은 아니더라도 현대도시로서 면모를 갖추어 가고 있는 우리의 주택 구조하며 생활양식 하며 많이 달라져 버렸다.

그러나 여전히 삼각산은 병풍처럼 우리의 서울을 에워싸고 남산 너머에는 유유히 흐르는 한강수가 있다. 산에는 진달래가 피고 소나무가 자라며 우리의 의식 저 밑바닥에는 전통의 젖줄이 흐르고 있다. 아무리 빵과 버터를 먹어도 우리의 코는 높아지지도 않고 피부가 백인종 같이 되지는 않는다. 이 모든 것들이 합하여 우리의 환경이 되고 있는 것이다. 이 모든 것과의 조화에 의해서 형성될 수밖에 없는 것이다.

구라파에서 흘러 들어온 최신 모드가 그대로 이 곳에서 우리의 미감 美感을 만족시킬 수 없음은 당연한 일이다. 세계는 이제 좁혀질 대로 좁혀져서 모든 문물이 급속도로 교류되는 이 마당에, 제멋대로 흘러 들어오는 물길을 한사코 막을 수는 없고 또 그럴 필요도 없을 것이다. 그러나 그것을 우리의 환경과 조화를 이룰 수 있는 아름다운 것으로 발전시키기 위해서는 거기에 창의創意가 곁들여지지 않으면 안 될 것이다.

고유한 우리의 아름다움을 주장하는 나머지 치마 저고리가 최고라고 우기는 사람이 가령 있다면 이미 많은 생활의 부분이 서구화되어 버린 우리의 현실을 도외시한 고루한 생각이라고 하는 비난을 받지 않을 수가 없을 것이다.

동경 거리에서 검정 치마에 흰 저고리를 입고 삼사 명씩 몰려다니는 조총련계 학생들을 바라보며 파티에 가는 것도 아닌 일상생활의 현장에서 위화감違和感을 조성하며 사람들의 눈길을 끄는 것이 과연 우리 전통 의상을 아끼는 태도일까 하고 의문을 품지 않을 수가 없었다.

니스의 책 축제祝祭

코드 다쥐르의 눈동자인 미도美都 니스는 그 쾌적한 기온, 빛나는 태양, 천혜의 백사장으로 해서 연중 무휴, 유럽인들의 휴양지로 붐비고 있다. 그 넓은 해변엔 기름 냄새 풍기는 배라고는 구경할 수 없고, 아직 오월인데, 피부를 태우느라고 열을 올리는 숙녀들과 그 곁에 내려 앉아 구경하는 갈매기들과 그리고 푸른 물결 위에 흰 나비처럼 나풀거리며 흐르는 요트가 있을 뿐이다.

해변을 에워싼 육중한 건물이 즐비한 니스는 차라리 호텔 도시라고 해야 옳을 것 같다. 이 도시의 시민들은 어디에 살고 있는지 궁금할 지경이다. 니스는 사철 이 곳을 찾는 관광객들을 위해서, 아니 보다 더 많은 관광객을 끌어들이기 위해서, 여러 가지 문화행사를 벌인다. 해마다 이 곳에서 열리는 국제 도서 박람회도 그 분위기로 보아 그런 계획의 일환이라고 짐작되었다.

우리나라 출판협회는 1977년에 처음으로 이곳에서 열리는 제9회 국제 도서 박람회에 우리의 책 228종을 출품하였고, 나는 그 전시의 책임을 맡고 니스에 갔었다. 수천 평 되는 도서전시장 앞 광장에 태극기가 다른 나라 국기들과 함께 힘차게 나부끼고 광장은 순식간에 자동차로 메워졌다.

프랑스가 국가적 규모로 거행하는 문화 행사이기로, 개관되는 첫 날에는 지스카르 대통령이 빠리에서 날아왔고, 미국, 유럽 여러 나라를 비롯하여 동구권東歐圈에 속해 있는 나라들과 중공中共까지도 그들의 도서를 출품하고 있었다.

매일 평균 20만 명의 인파가 책을 구경하기 위하여 모이고 전시장 왕래를 위한 특별 버스가 현수막을 허리에 두르고 거리를 누비고 있었다.

전시장에서 책을 뽑아 더러는 의자에 앉고 더러는 마룻 바닥에 주저앉아 시간 가는 줄 모르고 책을 보고 있는 어린이들이 모든 사람들의 눈길을 모았다. 모자를 쓰고 얼굴에 인디안 칠을 하고 색종이를 오려 붙이기에 여념이 없는 어린이들도 있었다. 그들은 삼삼 오오 우리 한국 코너에 몰려와 종달새 노래 소리 같은 예쁜 프랑스어로 끊임없이 조잘거렸다. 소년들은 영어판 태권도 책이 탐이 나서 뒤지고 또 뒤지고 하며 불어로 된 것이 없느냐고 물었다. 〈농〉하고 대답하면서 나는 참으로 아쉽기도 하고 미안하기도 했다.

어느 나라에도 뒤지지 않는 화려한 책들을 전시하며 자랑스러운 긍지도 없지는 않았지만, 외국外國의 도서 시장 圖書市場 획득을 위한 마련이 시급함을 절감하지 않을 수 없었다. 겉치레보다는 질박한 알맹이 있는 출판물을 위하여 그리고 온 세계에 두루 읽힐 수 있는 번역 사업을 위하여, 우리 출판인들의 분발이 있어야 되겠다고 생각되었다. 책을 가지고 이렇듯 흥청거리는 축제祝祭를 벌일 수 있는 프랑스 사람들의 문화의식 文化意識은 무엇보다도 높이 살 만한 것이라 여겨졌다.

니스가 세계에 알려진 관광도시이기는 하지만, 그것이 유흥도시로 끝나지 않고 기품이 있는 아름다운 문화도시로서 그 면모를 유지하고 있는 것은 이 국제적 문화 축제 덕분이 아닌가 생각된다. 때마침, 니스와는 지척의 거리에 있는 깐느에서는 국제 영화제가 열리고 있었다.

비너스와 소년

빠리의 몽파르나스 근처에 있는 호텔에서 90번 버스를 타면, 15분 만에 세느강을 건너 루브르 미술관 광장에다 내려준다. 때 마침 5 월이라 강변에 우거진 마로니에는 한창 꽃철이었다. 미술관 중앙에 있는 잔디밭 사이 사이로 난 길은 아스팔트가 아니라 흙 길이었다. 언뜻 보기에는 자연 그대로 놓아둔 것같이 보이는 이 흙 길이 실은 가장 돈을 많이 들인 길이라 한다. 테니스 코트를 만들 때처럼 정성 들여 닦아 놓고도 흙을 밟게 함으로써 인공적이 아닌 것에서 맛보는 포근한 느낌을 주고 있는 것이다. 파리의 구석구석은 이렇듯 세심하게 잔손이 안 간 데 없이 잘 다듬어졌다.

루부르는 이러한 파리에서도 그들이 가장 자랑하는 눈동자와 같은 문화의 보고寶庫다. 그 소장품들을 되도록이면 많이 나의 눈에 담으려고 나는 아침부터 저녁까지 다리가 뻐근해지도록 여러 층을 돌아다녔다. 아무래도 내가 너무 욕심을 부린 것 같았다. 마지막에는 모나리자와 조세핀과 마돈나 마리아가 범벅이 되어 머릿속에서 맴을 돌았다.

나는 어지간히 그림에 지쳐서, 미로의 비너스 대리석상이 있는 아래층으로 내려왔다. 수십 명 일본인 관광객들에게 둘러 싸여서 방 한가운데 높은 대 위에 서 있는 비너스가 예상보다 작은 체구인데 놀랐다. 내가 사진이나 석고상으로 본 인상으로는 훨씬 더 거구의 여인 같은 느낌을 주었는데, 실물은 나의 상상의 상像을 약간 압축시켜 놓은 것 같은 애띠고 아담한 상像이다.

창측窓側과는 반대쪽 대리석 벽에 기대어 앉아 소년이 비너스를 데상하고 있었다. 대리석으로 모자이크된 마루바닥에 두 다리를 쭉 뻗고 무릎에 스케치북을 펴놓고 있었다.

비너스를 바라보고 있는 소년의 눈이 꿈꾸는 바다와 같이 맑고 푸르다. 그리고 그림을 그리는 시간보다는 비너스를 바라보는 시간이 더 길다. 나는 둘러서 있는 사람들 뒤를 멀찌감치 돌아서 소년 곁으로 가서 가만히 벽에 기대어 서 본다. 관광객들이 우르르 다음 방으로 몰려가고 잠시 나와 소년만이 남아서 말없이 비너스상을 바라본다. 맞은편 창에서 들어오는 광선 탓이었을까? 소년의 곁에 서서 바라보는 비너스상은 영락없이 16세 소녀와 같이 보인다. 나는 경이감으로 눈을 크게 뜨고 찬찬히 비너스상을 뜯어보았다.

귀 밑에서 턱으로 흐르는 선이 싱그럽다. 솜털이 보송보송 돋아 있는 것 같이 보이기도 한다. 입매는 신록新綠의 이파리 같고 가슴은 장미 봉오리다. 소녀이 비너스의 소녀상을 찾아 자리를 잡은 것인지, 나의 눈이 소년의 그 맑은 눈을 빌린 것인지 알 수가 없다.

나는 예기치 않았던 발견에 스스로 놀라며, 나의 눈을 의심한다. 비너스를 뒤로 돌아 반대 쪽 창 밑으로 와서 다시 눈여겨 바라다보았다. 오뚝한 코에 광선을 받아 얼굴이 한결 원숙해 보인다. 나의 느낌대로 말한다면 이제 비너스는 서른 살쯤 된 여인으로 보인다. 복부腹部 언저리도 얼굴과 조화를 이루며 성숙할 대로 성숙해 있다.

한 미녀美女의 조상이 열 여섯 살로도 보이고 서른 살로도 보인다는 것은 분명 신비神秘에 속한다.

사람들은 하나의 예술 작품 앞에서 제가끔 자기 경험의 세계가 갖는 한계에 따라 결코 서로 같을 수 없는 제나름의 감동을 맛 볼 것이다. 하물며 미묘한 뉘앙스에서 오는 이 엄청난 차이를 어찌 복사 품이나 모조품으로 대신할 수 있으랴.

소년의 눈으로 비너스와 로댕의 고뇌하는 군상들을 보고, 다시 장성하여 청년의 눈으로 그것들을 보며 살아가는 이곳 사람들 가운데서 대 예술가가 쏟아져 나온다는 것은 오히려 당연한 이야기인 것 같다.

나는 암스텔담에서 켈튼으로 돌아오는 황혼의 기찻길에서 고호의 판화版畵 장면 장면이 그대로 자연 속에 박혀 있음을 보았다. 우리의 자연自然과는 같을 수 없는 어딘지 짙고 무거운 유럽의 자연, 그것은 그들의 유화나 판화에 재현될 수 밖에 없는 자연인 것 같았다.

눈이 장하게 내린 지난 일요일, 나는 둘째 아들과 함께 눈길을 걸어 아카데미 하우스까지 산책을 했다. 바라다 보이는 북한산이 그대로 한 폭의 묵화였다.

나는 미술가美術家 지망생인 아들에게 그 산을 가리키며, 네가 이런 산을 바라보며 생활하고 있는데 어떻게 동양화 東洋畵를 하지 않을 수 있겠느냐고 이야기했다.

비너스 앞의 소년을 보며 나는 우리 아들을 생각하고 한없이 부러워 했었는데, 이 아름다운 북악의 설경雪景 앞에 서 있는 것 역시 그에 못지않은 행운이라 생각된다.

남의 것을 보면, 그 본 것에 대해서 어느 만큼 깊은 이해를 가지게 되는지 모르지만, 자기가 본래 가지고 있었던 것에 대해서 눈이 밝아지는 것은 확실하다.

밖을 많이 보는 것은 안을 더욱 잘 볼 수 있는 눈을 기르기 위한 하나의 효율적인 방법이다. 파리의 루브르 뮤지움과 로댕 뮤지움에 화가 지망생인 우리 집 아이를 보내는 꿈에 나는 한껏 가슴이 부푼다.

하나우의 장

〈하나우〉는 〈그림〉형제가 태어난 동화童話의 고장이다. 세계적인 공업도시 프랑크프루트에서 기차로 불과 25분 거리에 있고, 2차 대전 후에는 줄곧 미군의 주둔지가 되어 온 곳이었다 한다. 그러나 이 조그만 도시는 조금도 흔들림이 없이 옛 모습을 지키고 있다. 시내 한복판으로 개천이 흐르고 수양버들 그늘에 물오리들이 떼 지어 헤엄치고 있다. 거리에서는 사람 구경하기가 어렵다. 중심가에 즐비한 옷 가게, 신발 가게, 도자기 가게를 기웃거리며 이 많은 상점들이 무엇으로 수지를 맞추나 근심이 되었다.

시청 앞에는 네모 반듯한 광장이 여름방학 중의 시골 학교 운동장같이 한적하고, 거기 프록 코우트를 입고 손에 동화책을 든 그림 형제의 동상이 다정하게 서 있다. 우리 귀에도 익숙

한 아동 문학가들이다. 바로 이 광장에 토요일마다 장이 선다는 것이다.

우리 고장 독천犢川에도 5일장이 섰었다. 장날이면 마을 아낙네들이 풀을 빳빳이 먹여서 다듬어 지은 옥양목 치마 저고리를 깨끗이 차려 입고, 바스삭 바스삭 치마폭에 요란스러운 소리를 내며 대 광주리를 끼고 장으로 갔었다. 나는 장날이라면 언제나 맬없이 신이 났다. 그래서인지 달 밤에 늙은 나귀를 타고 봉평 장을 향해 터벅터벅 가고 있는 소설 ≪메밀꽃 필 무렵≫의 허 생원이 측은하기보다는 운치가 있어 보였다.

독일까지 와서 그 신나는 장에 가 볼 수 있다니 이만저만 즐거움이 아니다. 나는 금요일 밤을 하나우에서 잤다.

아침을 먹고 나가보니 광장 둘레에는 벌써 과일 광주리와 꽃 모종을 실어온 트럭이 정연하게 줄을 서 있고, 어느 새 광장은 노점으로 꽉 메워졌다. 오후 1시가 파장 시간이라 하니 불과 한나절을 위한 임시 가게일 터인데, 땅바닥에 비닐이나 깔고 물건을 늘어놓는 사람은 하나도 없다. 모두가 탄탄하고 보기 좋게 진열대를 꾸렸다. 의젓한 상가가 형성되었지만, 드팀전, 옹기전, 쇄전까지 서서 법석을 하던 우리 고향의 독천 장 같은 잔치 기분은 아니다.

독일 사람은 집을 지어도 지하실부터 튼튼히 완성시켜 가며 짓는다고 하는 말을 들은 적이 있다. 짓다가 돈이 모자라면 이층은 3년 후에도 올리고 5년 후에도 올린다는 것이다.

〈켈른〉에 들렀을 때, 지하철 공사를 하느라고 번화가 한복판을 요즘 우리나라 충무로 입구처럼 파헤쳐 놓고 있었다. 그렇게 파 놓은 지가 벌써 3년째인데 덮을 생각을 안 해서 주변의 상점들이 시市를 걸어 소송을 제기하려고 하는 판이라고 하는 이야기를 들었다. 3년째 장사를 못하니 이제는 가게들이 존폐의 위기에 처하게 되었다는 것이다. 그래도 서두르는 기색이 없고 땅 굳어지기 기다려 가며 공사는 진척이 있는 듯 없는 듯 눈에 보이지 않게 진행되어 가고, 그리하여 그들은 그 신흥하는 도시에 세계에서 제일가는 튼튼한 지하철을 건설해 놓고야 말 것이다.

독일 여인들이 옷을 차려 입은 것을 보아도 얄상한 잔재주가 없는 민족이라는 걸 곧 느끼게 된다. 하늘하늘한 실크를 입고 있어도 투박해 보이는 것이 그들의 지어내는 분위기라고나 할까?

하나우의 장에서는 한 아주머니가, 아직 날씨가 싸늘한 데도 그 씨름꾼 같은 팔뚝을 내두르며 고객을 부르고 있다. 〈아하! 저 팔이 전후의 독일을 폐허 위에서 다시 일으켰구나.〉하고 엉뚱한 생각을 했다. 손님에게 무척 싹싹하게 굴며 체리를 봉지에 담아 저울질하는 청년, 물건 자랑을 늘어놓는 꽃 모종 장수, 서민들의 모습과 그들의 애환哀歡은 어느 세계를 가나 다를 것이 없다. 여기 모인 장수들은 대부분이 하나우 근교에 사는 농부들이라 한다. 순박한 사람들이다.

구라파에는 30평, 50평 짜리 취미 농장이 크게 유행하고 있는데, 도시 근교에 있는 공터를 잘게 쪼개어 세를 놓으면 그것을 빌려 휴일의 낙으로 꽃 농사, 채소 농사를 짓는 것이다. 그런 취미 농장의 일요 농부들이 아주 큰 농사를 짓는 농부 티를 내며 밭에서 일하는 것을 보면 어쩐지 마음이 느긋해지고 평화롭다. 그들도 쓰고 남는 것이 있으면 이 날 장에 내다가 팔기도 하는 모양이다. 손수 가꾸어 얻은 것을 다정한 사람들과 나누어 갖는 것도 즐거움이겠지만, 그것이 훌륭한 상품이 될 수 있음을 보는 것도 하나의 낙이 될 것이다.

그런데 하나우 장의 채소 값 꽃값은 엄청나게 비쌌다. 왜들 굳이 이 장에 와서 비싼 것을 사느라고 법석이냐고 같이 간 부인에게 물었더니, 거기 이슬이 묻어 있기 때문이라고 씽끗 웃으며 대답했다.

우리는 장을 돌아보며 과일을 한 보따리 사가지고 기차를 타고 아샤펜불크로 가서 고성古城을 보았다. 승복僧服 컬렉션으로 널리 알려져 있는 성城이다. 성의 서창西窓으로는 아름다운 마임강이 질펀한 평야를 가르고 라인강과 합류하기 위해 유유히 흘러가는 것이 한눈에 보였다.

해질녘 돌아오다 보니 시청 앞 광장 장터는 어느새 깨끗이 물청소가 되어 있고 아침나절의 그 북적북적하던 흔적은 찾을 길이 없다. 내가 어쩐지 꿈을 꾼 것 같다.

아침나절에는 장꾼들의 틈새에 파묻혀 잘 보이지 않던 그림

형제가 다시 동화책을 들고 제 자세로 돌아와 서 있다. 한결 다정하게 보인다. 이곳이 저 유명한 그림형제의 고향이었던 것이다.

동東과 서西의 사람 사는 모양이 그 근본에 있어 다를 것이 없기에, 이 형제가 쓴 아름다운 동화도 멀리 우리의 심금을 울려 주는 것이리라.

비엔나로 가는 길에

프랑크푸르트에서 비엔나로 가기 위해 기차를 탄 것은 자정이 조금 지난 시각이었다. 6인용으로 칸막이 되어 있는 우리 객실에는 독일말을 하는 한 청년과, 프랑스어를 쓰는 한 여학생과, 영어를 조금밖에 못하는 나와, 그리고 어린 남매를 거느리고 비엔나로 돌아가는 젊은 어머니가 함께 타게 되었다. 여기에 만일 떠들썩하게 이야기하기 좋아하는 이탈리아 마님 한 분이 끼었더라면 더욱 가관이었을 것이다.

유럽의 국제 열차를 타고 보면 자유롭게 섞여 살면서도 서로 다른 말을 쓰는 이들 유럽인들이 어쩐지 기이하게 느껴진다. 하느님이 교만한 인간들을 벌주기 위해 어느 날 문득 언어를 교란시켰다고 하는 바벨탑의 기록을 실감하게 되며, 내가 구약 성서 시대에 돌아와 있는 듯 신비한 느낌마저 든다.

유럽의 여름밤은 일찍 밝는다. 저녁에는 아홉 시까지도 해가 지지 않고 서쪽 지평선에 끈덕지게 걸려 있더니 새벽 세시가 되니까 어느 새 그 해가 동쪽으로 돌아와 지평선 밑에서 희끄므레한 빛을 투사하기 시작했다. 서서히 날이 밝고 곤히 잠들었던 귀여운 아이들도 깨어났다. 네 살짜리 계집아이 안네는 내 팔에 건 팔찌에 온 정신을 팔고 있었다.

"온! 이 애는 이렇답니다. 어린 아이가 왜 이런데 이렇게 관심이 많은지 알 수 없어요. 엄마를 조금도 닮지 않았어요." 유창한 영어로 나에게 이야기하며 안네의 어머니는 어이없다는 표정을 지었다. 내가 팔찌를 벗겨 안네의 오동통한 팔에 걸어 주었더니 좋아서 어쩔 줄을 모른다. 이 젊은 어머니는 균형 잡힌 큰 키에 블루진 바지를 입고 아무렇게나 생긴 스웨터를 걸치고 그리고 부드러운 금발머리를 걷어 올려 뭉뚱그려서 큰 핀을 꽂고 있었다.

그녀는 프랑스어로 앞 자리의 여학생과 긴 이야기를 주고받곤 했다. 시를 낭송하는 것 같은 그들의 억양을 즐기며 그들이 학교 이야기를 하고 있다고 짐작을 했다. 프랑스 아가씨는 비엔나에 유학 와 있는 여자 대학생인 것 같았다. 이윽고 안네의 어머니는 청년과도 대화를 했다. 자연스럽게 술술 나오는 독일어로 말한다.

신의 뜻에 거역하여 여러 방언을 다 알아듣는 이 젊은 여인이 나의 마음을 끌었고 그녀가 두 아이의 어머니라고 하는데 더욱 친근감이 갔다.

독일과 오스트리아 국경선이 가까워 오자 패스포트 검열이 있었다. 한국 사람이 오스트리아 국경선 안에 들어가려면 반드시 비자가 있어야 한다는 것이다. «아차, 그랬던가?» 미리 잘 알아보지 않고 떠나온 것이 후회되기도 하였으나 일이 있어서 온 것이 아니고 홀가분하게 구경 삼아 떠나온 몸이라 겁날 것은 없다. "그럼 이대로 내려서 돌아갈까요?"하니까 검열관이 오히려 겁을 먹고, 43마르크만 내면 다음 정거장에 내려 임시 비자를 만들어 줄 수 있다고 하였다. 검열관과 나는 리겐부르크에서 내려 함께 플랫트폼을 뛰어 가서 역 구내에 있는 경비 사무실에서 비자를 만들었다. 너무 서두르느라고 비자를 만드는 영감님의 손이 떨리고 두 글자나 오자를 내어 다시 썼다. 풀랫트폼을 다시 뛰어 돌아오는데 안네의 어머니는 근심스러운 듯 창 밖으로 몸을 내밀고 날 기다리고 있었다. 내가 헐떡이며 자리에 앉자마자 기차가 움직이고 우리 방 사람들은 모두 후유 하고 안도의 한숨을 쉬었다. 그리고 유독 코리언인 나에게 한해서 비자를 요구하는 당국의 처사에 분개하며 나를 동정했다. 안네의 어머니는 나에게 비엔나에 얼마나 머무를 예정이냐고 물었다. 이틀이라고 대답하니 비엔나를 다 보려면 두 달을 가지고도 모자란다고 했다.

대학에서 사회학을 전공했다는 그녀는 개발도상국가의 사회문제가 자기의 연구 테마였다고 한다. 결혼하기보다는 연구를 계속하는 것이 소원이었고, 동남아에 가서 자기의 연구를 계속하는 것이 꿈이라고 했다. 그러나 한 남자와 애들 때문에 꼼짝을 못한다고 했다. 그 「한 남자」 라는 단어에 힘을 주어 발음하면서 한 눈을 찡긋하며 웃었다. 나는 그 여인의 총기 있는 큰 눈을 바라보면서 이것도 저것도 버리기 어려운 그 안타까움을 이해할 것도 같았다.

열차는 급행으로 아홉 시간을 달려 비엔나에 도착했다. 멀리서 건장하게 잘 생긴 남자가 달려오더니 땅에 무릎을 꿇고 두 아이를 한 아름에 얼싸 안으며 볼을 비비었다. 젊은 어머니는 조용히 그 정경을 내려다 보다가 웃음지으며 '이 이가 바로 그 〈한 남자〉예요.' 라며 나에게 눈짓으로 말했다.

솟구쳐 오르는 사회적 성취에의 욕망이 좌절될 때 우리는 불행을 느끼지만, 이와 같은 작은 행복으로 늘 그 불행을 상쇄相殺하면서 여자는 그렇게 인생을 살게 마련인가 보다. 여자의 길에는 양洋의 동서에 크게 다를 것이 없다.

낯선 고장에 가서 새로운 풍물과 그 문화 유산을 보는 것도 즐거운 일이지만 고민하고 사랑하며 살아가는 사람의 마음에 잠깐 부딪혀 잠시 나마 서로 정을 나누는 것 또한 가슴 뿌듯한 여행의 즐거움이 아닐 수 없다.

테임즈 강변의 선술집

토요일 저녁 런던에 도착하자 그날로 밤거리의 관광을 예약했다. 월요일 아침이면 떠나야 할 런던이니 윤곽이라도 대충 보아 두어야 하겠다는 생각에서였다.

서서히 시가지를 누비는 버스 안에서 안내양은 버킹검이니, 웨스트 민스터니, 빅벤이니……, 귀에 익은 이름들을 연상 불러대며 설명을 하고 있는데, 이 모든 것이 몽롱한 윤곽과 전등불 빛으로 밖에 보이지 않아서 런던을 한바퀴 돌고 나서도 막막하기는 매일반이었다. 테임즈강 건너에 있는 옛 영국식 선술집에 들러 와인을 한 잔씩 마시며 잠시 휴식하는 것이 이 밤 관광의 마지막 코스였다.

우리 일행이 흰 벽을 옛스럽게 장식한 술집의 문을 밀고 들어가 이층으로 올라가니 먼저 와 있던 사람들이 친숙하게 손을 들어 환영의 인사를 했다. 나는 백포도주를 주문하고 다른 부인네들처럼 워털루 브릿지가 바라다 보이는 창가에 가 앉았다. 런던의 불빛을 모두 그 속에 담은 테임즈 강이 지난날의 대영제국의 역사 그것처럼 유유하게 영화롭게 흐르고 있다.

선착객들 중 한 쾌활한 신사는 내가 주문하는 와인을 유심히 보고 있다가, 나의 잔이 거의 빌 무렵, 그 술을 두잔 더 시켜서 그 중 한 잔을, 거절할 겨를도 주지 않고 나의 술잔에 따라 주며 건배하는 시늉을 했다. 우리 일행들은 박수를 치며 저마다 축하한다고 한 마디씩 떠들어댔다.

한국에서라면 있을 수 없는 친절이다. 그것은 분명 숙녀에 대한 예절이 아니다. 나는 테이블 위에 술잔을 내려 놓고, 고맙지만 많이는 못 마신다고 말하고, 어쩐지 거북하여서 이내 밖으로 나와 버리고 말았다. 돌아오는 버스 속에서 부인네들은 나를 오늘의 행운아라고 하며, 자기들에게는 아무도 술을 권하는 사람이 없어 서운하다고 떠들어댔다. 이것은 단조로운 관광 길에 분명 활기를 불어 넣는 이야기 거리로서, 서로 낯설은 사람들을 한결 친숙하게 해 주는 계기가 되기는 했었다. 말하자면 그 선술집에서의 휴식은 서민들이 허물없이 어울리는 미니 파티였다고나 할까. 그러나 그 일을 회상하면 아직도 풀리지 않은 깨름직한 그 무엇이 마음속에 부담처럼 느껴지곤 한다. 그 신사가 나에게 결례를 한 것일까? 아니면 내가 그에게 실례를 했을까?

파리에 관광 온 일본인 아가씨가, 레스토랑에서 양식을 먹고 냉수를 마시는데, 오른손에 든 물컵을 왼손으로 단정하게 받쳐들고 조심조심 한 모금씩 마시는 것을 보았다. 양가 집 규수임이 분명했다.

내가 동경에 갔었을 때, 찻잔을 한 손으로 들고 목마른 김에 한숨에 쭉 들이켰다가 친한 일본인 친구에게 주의를 받은 적이 있었다. 교양 있는 여성은 차를 마실 때 반드시 왼손으로 잔을 받쳐드는 법이라고. 〈그렇지만 난 한국 사람이야. 아무리 점잖은 여자라도 우리나라에선 그렇게 차를 마시지는 않아요. 가장 자연스럽게 마시는 것이 가장 우아한 거라구…….〉

〈로마에 가면 로마의 법을 따르랬다고, 저 사람들이 아무도 널 한국 사람이라고 보지 않아요. 약간 교양이 부족한 일본 사람으로 보지.〉

동경에서 높이 평가 받던 교양 있는 일본 여성의 매너도 파리에서는 어쩌는 수 없이 눈에 거슬리는 것이었다.

로마에 가서 로마의 법을 따르려 해도 그 법을 모르면 따르기는 어렵다. 그리고 그 법은 지식으로 습득되는 것이 아니다. 생활습관에 함께 젖어 오래오래 사는 동안에 지혜롭게 터득되는 것이 바로 그 법이다.

여행 중에 동서東西의 생활감각의 차이로 해서 내가 느낀 큰 곤혹 중의 하나는 남자들이 베푸는 친절을 어느 만큼 받아들이고 어느 만큼 거절해야 그것이 예절인지 가늠하기가 어려운 점이었다. 예의로 베푸는 작은 친절까지도 의혹의 눈빛으로 튕기어 버리는 것이 일본 여성과 한국 여성이라고 말하는 서양 사람이 있었다.

오랜 동안 영국이나 프랑스 같은 서구 선진국의 식민지였던 동남아의 여성들과도 달리 일본 여성이나 한국 여성들은 남자들의 친절에 익숙치가 못하다. 속으로야 어떻든 남자들에게 따뜻한 말 한 마디 못 듣고도 그것이 당연한 것처럼 살아왔기 때문에, 남자의 친절 앞에서 오히려 예사롭지 못하는 불안과 모욕감마저 느끼게 되는 것이리라.

애기를 등에 업고, 무거운 짐을 머리에 이고, 저만치 빈손으로 훨훨 앞서 가는 남편을 헐레벌떡 쫓아가고 있는 우리 옛 여인의 풍속도가 측은하게 그리고 다정하게 머리에 떠오른다.

고호 미술관의 기억

동양의 산수화 속에 인물을 그려 넣으면 그가 지게를 졌거나 낚싯대를 들었거나 어김없이 신선神仙이 되고 만다. 아무리 고달픈 서민들의 생활일지라도 일단 화폭에 오르면 그 찌들은 때를 벗고 구성지고 구수한 멋을 띄게 된다. 화중 인물畵中人物은 그림을 그린 화가이거나 아니면 그 그림을 감상하는 관람자다. 경복궁 옆에 있는 몇몇 그림 전시회장을 돌아보고 엷은 햇볕, 투명한 거리를 한결 차분해진 마음으로 잠시 거닐어 본다. 노란 은행잎이 우수수 진다. 노랑색은 나의 발치에도 떨어진다. 나는 노랑색을 좋아하고 빈센트 반 고호를 사랑한다.

지난 오월 스페인 쪽을 버려두고 튜립 철도 다 지난 네델란드를 찾은 것은 암스텔담의 고호 미술관을 보기 위해서였다. 나선형으로 노출된 층계를 4층까지 따라 올라가면서 그리워하던 그 노란 색깔 속에 폭 파묻혀 한나절을 보냈다. 나는 그림을 잘 모른다. 다만 고호의 그림 앞에 있으면 애틋한 동경憧憬과 정열로 뿌듯해지는 감동을 느낄 뿐이다.

일반 전시장으로 사용되고 있는 고호 미술관 1층에서는 때마침 〈독일 현대 작가전〉이 열리고 있었다. 내친 걸음이니 돌아보고 가리라 생각하고 전시장에 들어갔다. 그런데 나는 내가 지금까지 부유浮游하던 세계와는 너무나도 동떨어진 세계에 뛰어들어 왔음에 놀라지 않을 수가 없었다.

위층과 아래층은 천국과 지옥의 차이였다. 위층에는 열정적이면서 어딘가 완성完成의 고요가 있었지만 아래 층에는 격동하는 미완성의 고뇌 苦惱만이 요동하고 있었다. 위층은 신의 은총이 강렬한 햇살을 타고 황금색으로 빛나고 있었지만, 아래층은 자연으로부터 오는 은총의 빛은 차단되고 다만 암울한 인간이 늘어뜨리는 죽음의 그림자만이 짙게 드리우고 있었다.

잡초더미 위에 해골과 함께 뒹구는 나부상裸婦像과 콘크리트 틈바구니를 비집고 피어난 빨간 장미의 독기毒氣에 나의 사랑하는 노랑색은 순식간에 흩어지고 마는 것이었다. 나는 현대 작가 전을 본 것을 후회하며 고호 미술관을 나왔다.

어느덧 여름도 가고 가을이 왔다. 나의 격정도 이제 조용히 가라앉을 시기가 되었으련만, 암스텔담을 회상할 때마다 독일 현대작가전이 어지럽게 머리에 떠오르곤 한다. 고호의 노랑색은 아득히 먼 곳에 배경背景의 색깔로 머물러 있을 뿐, 풀밭의 나부裸婦, 폐허의 장미, 친구의 옷자락을 끌어 내리며 다투어 사닥다리를 기어오르는 군상群像들만이 살아서 괴로운 몸짓을 하며 나에게로 온다. 그것들은 내가 알지도 못하는 화가들의 이미지가 되고 현대를 고뇌하는 예술가의 모습이 되어 부각된다. 왜 그들은 이렇게까지 나에게 끈질기게 달라붙는 것일까? 되지 못한 글줄을 쓰면서 내가 느끼는 갈등을 여기에서 느낀다.

나는 끝내 그들을 떨쳐 버리지 못하고 마침내 그들과 화해를 한다. 거기에 한 가닥 빛살을 찾는 것이다. 그것은 악마에게 영혼을 판 파우스트가 포기할 줄 모르는 향상에의 정신으로 뿜는 빛살이다. 신도 여기에는 어쩔 수 없이 구원의 손길은 뻗치지 아니하였던가!

우리는, 이미 동양화 속의 신선이 되기는 어려운 세상에 살고 있다. 만일 현대를 사는 서양화의 고뇌가 동양화의 화폭 속에 끼여 든다면 그 그림들은 또 어떤 모습을 하고 나를 괴롭힐 것인지 자못 혼란스럽다. 아름다운 색조와 아름다운 운율을 아무런 부담 없이 즐기며 사는 세상으로 돌아가고 싶다. 그러나 물은 거꾸로 흐르는 법이 없고 역사는 두 번 다시 똑같은 일을 되풀이하지 않는다.

그 풍요로운 채색 彩色의 물결

저력底力은 뒷골목에서

맹인盲人의 꽃밭

터키 문명전文明展

미야라미

나이

써비스

명무전名舞展

여인 단상斷想

크리스마스에

그 풍요로운 채색彩色의 물결

올 여름에는 일본의 홋카이도(北海) 남서부를 일주하는 여행을 하게 되었다. 비라토리, 니부타니, 후라노, 쿠챤, 무로란……. 우리 일행이 밟은 고을들의 명칭이 명백히 증명해 주듯이 이 땅은 불과 100년 전까지만 해도 아이누들의 나라였다. 아이누 족은 지금 일본인과 동화되어 거의 멸종의 위기에 직면하고 있으나, 홋카이도 땅에 첫발을 디뎠을 때, 강렬한 대자연의 자력에 마음이 끌려 드는 것을 느끼며, 그 자력은 곧 자연과 하나가 되어 이 땅에 오래오래 살아온 아이누들의 숨결일 것이라고 하는 환상에 사로잡히었다.

지금도 눈을 감으면 그 풍요로운 채색의 물결이 넘실넘실 밀려온다. 그 하늘은 여름에도 높고 맑다. 그리고 그 높은 곳에 흰 구름이 듬성듬성 흘러가고 있었다. 낮은 구릉을 이루며 끝없이 펼쳐진 전야에는 밀이 건강한 다갈색으로 익어가고, 수염이 긴 보리 이삭은 부드러운 황록색으로 물들기 시작했는데 바람이 불 때마다 그것들은 은빛 금빛 초록빛 얼룩무늬를 지으며 일렁이었다. 감자는 한창 꽃철이라 온 밭에 눈이 내린 것 같고, 사탕 무는 짙푸른 수박 색으로 땅을 덮었다. 그리고 향료의 재료로서 재배되는 '라벤다'는 마침, 일제히 앙증스러운 꽃을 피워 여기 저기 작은 구릉을 보라색으로 물들이고 있었다. 이렇듯이 다양한 색채들이 뚜렷하게 가로 세로 구획을 지어 넓은 전야에 모자이크를 이루어 내는데, 그것은 자연과 인간이 힘을 모아 창출한 조화의 예술이며, 색채의 향연이었다. 언덕 위에 서서, 한동안 넋을 잃고 있자 하니 무엇인지 저 깊은 곳으로부터 풋풋하게 생기를 띄고 피어나는 것이 있음을 감지한다. 이것을 감흥이라 해도 좋고 정감이라 해도 좋고 이름할 수 없어도 좋다. 나는 그것을 근래에 앓고 있던 나의 병이 쾌유되어 가고 있는 징조라고 생각하였다.

한동안 몸은 멀쩡한데 마음이 시들시들 말라가고 있다는 것을 의식하며 어두운 생각에 잠겨 지냈었다. 모든 것을 놓아 버리려는 방심 상태, 이것은 극단적인 표현이기는 하지만, 사람에 대해서, 자연에 대해서, 그리고 직면하는 사물에 대해서 달관의 자세를 취하려 했던 것은, 범인인 나로서는 소극적인 생의 포기가 아니었을까?

나는 나의 육신의 건강 관리에 대해서는 대범하지만, 마음의 건강 관리에 대해서는 비교적 민감한 편이다. 나의 생존을 지탱하는 것은 열량의 공급원인 음식이겠지만, 그에 못지않게 중요한 것은 삶에 활력을 불어 넣는 생의 감흥이라고 생각하고 있다. 슬플 때 슬퍼하고 기쁠 때 기뻐하는 마음, 그리고 그 모든 것에 우선하여 무엇인가를 열렬히 사랑하는 마음, 이런 것들이 삶을 삶답게 하는 에네르기원이라고 생각한다. 마음의 불이 꺼지고 에네르기의 원천이 사그라져 버린다면 나는 살아 있을 의미를 잃고 말 것이다. 홋카이도는 올 여름 나의 마음을 흔들어 준 힘 있는 대지의 손길이었다.

저력底力은 뒷골목에서

일본에서 만드는 채운당彩雲堂 안료顔料는 동양화 물감으로 좋다는 이야기를 오래 전부터 들어왔다. 미술 공부를 하던 아들아이가 그것을 가지고 싶어하길래 일본에 갔던 차에 사다 주려고 동경에 있는 화구상에 들렀더니, 그런 것은 거기에 없다는 것이었다. 동경의 대화구상에 한국인도 아는 채운당 안료가 없다고 하는 것이 좀 의아스러웠다.

그러다가 얼마 뒤에 경도京都여행을 하게 되었는데, 도심에 있는 호텔에서 나와 산책 삼아 뒷길을 걸어가다가 허름한 2층짜리 여염집 현관에 〈彩雲堂〉이라고 하는 현판이 걸려 있는 것을 우연히 보게 되었다. 그 규모가 너무 작고 초라한 것이 미심쩍기는 하였으나 우선 반가운 생각에 격자格子로 된 문을 열고 들어가 물어보았더니, 바로 그곳이 우리 나라에서도 알

만한 사람들에게는 알려져 있는 채운당 본포였던 것이다. 4대째 대를 이어 안료 제조에 종사하고 있다는 젊은 부부는 우연찮게 찾아든 손을 반기어 정성스럽게 접대해 주었다. 안에서는 덜커덕덜커덕 무슨 나무틀 돌리는 것 같은 소리가 들렸는데, 물감을 만들어내는 작업을 하는 중이라는 것이었다. 수작업으로 소량씩밖에 못 만들기 때문에 동경 화구상 같은 데다 내보낼 물량은 없다고 주인은 설명했다.

점포에 몇 폭 걸려 있는 고화는 옛 단골손님들의 유작이라 했고, 내다가 보여주는 오래된 방명록은 그대로가 이 가게의 역사책과 같았다. 찾아오는 외국인들의 방명록도 있어서 여러 나라에서 온 사람들의 명함이 꽂혀 있었는데, 주인의 청으로 나의 작은 명함도 한 장 그 방명록 맨 뒷자리에 꽂히게 되었다. 점포를 나올 때 부부는 가지런히 무릎을 꿇고 앉아서 두 손을 방바닥에 짚고 공손히 작별인사를 했다. 부모가 일하는 곁에서 놀고 있는 다섯 살짜리 어린 아들이 아마도 제5대 채운당 주인이 될 것이다.

일본에 가면 대도시 한복판에서도 한걸음 뒷길로 들어서면, 채운당의 부부와 같은 자세로 살아가고 있는 사람들의 모습을 얼마든지 볼 수 있다.

시부야에 있는 도리카쯔[鳥勝]라는 요식점의 주인 역시 그러하다. 에도 시대부터 거기에 있어 왔다는 그 집은 5,6명 앉을 수 있는 목로와 화로를 둘러 4, 5명이 앉을 수 있는 작은 방 하나가 그 공간의 전부다.

그 집의 음식에 특색이 있다면, 앉은 자리에서 숯불에 구워 주는 닭고기 구이가 별미라는 점과, 굴을 갈잎에 얹어 구워내는 운치, 그리고 군 토란을 벗겨 먹으며 가난했던 옛 시절의 산촌의 맛을 음미하는 것이라고나 할까. 그런데 이 ≪도리카쯔≫가, 연례 행사로서 동경 안의 4만이 넘는 요식업계가 최우수업자를 선정하여 베푸는 영예의 그랑프리를 그 해에 받았었다고 했다. 나를 그 집에 안내해준 저명한 민속학자 쯔보이[坪井]교수가 도리카쯔의 주인과 지기지우처럼 격의 없이 응대하는 것을 보았다. 직업이 사람의 인품을 결정하는 것이 아니라 직업에 임하는 사람 사람의 자세가 그 직업의 격과 자신의 인품을 결정한다는 것을 실감케 했다.

나는 웬 일인지 뒷골목에 사는 이런 사람들이 일본의 경제력을 상징하는 표면의 거대한 빌딩을 뒤에서 버티어 주고 있는 버팀대와 같은 존재라는 생각을 하게 된다.

우리는 일본이 이룩해 놓은 경제적인 부를 부러워한다. 그들의 공장을 보고, 그들의 기술을 보고, 빌딩을 보고, 자동차를 보고, 컴퓨터를 보며, 그것을 능가하려고 하는 결의를 갖기도 한다.

그러나 표면에 드러나는 것들 뒤에서 그것을 떠받들고 있는 저력, 자신이 처한 자리에서 자신의 일에 성심성의를 다함으로써 자기를 높이고, 일 그 자체도 높이려고 하는 뿌리깊은 저력을 보는 사람은 별로 많지 않은 것 같다.

맹인盲人의 꽃밭

일본 동경에는 몇 군데에 창포원菖蒲園이 있다. 그 중에서도 〈카쓰시카〉의 창포원은 ≪에도≫시대부터 있어온 역사로 이름이 더욱 알려진 곳이다. 언제 보아도 아침 이슬과 같은 싱그러운 것이 특징인 꽃창포의 꽃철은 불과 1주일 남짓, 사람들은 그 적기를 알려주는 신문 보도를 기다렸다가 너나 없이 꽃 구경을 간다. 나도 작년 초여름 어느 날 신문의 안내 기사에 이끌려 〈카쓰시카〉의 창포원을 찾아갔다.

정문을 들어서면 여러 채색 구름장이 내려앉은 것 같은 드넓은 논이 한눈에 들어온다. 논 사이에 구비 도는 논두렁길이 나 있고 사람들은 그 길을 거닐며 색갈이 다르고 품종이 다른 꽃을 굽어보기도 하고 멀리 바라보기도 한다. 입구에 걸린 안내 판에는 2백종이 넘는 각종 꽃 창포 밭의 배치도가 상세하게 표시되어 있다. 그런데 안내 판 옆에 이색적인 구조물 하나가 더 있었다. 그것은 오케스트라의 지휘대같이 생긴 것이었다. 조소작품인가 하고 가까이 가 보았더니 그것은 다름아닌 맹인들을 위한 창포원의 안내도였다. 그 옆에 있는 안내판을 그대로 축소시켜 점자로 번역해 주조물로 만들어 놓은 것이다.

창포꽃의 이름과 색깔에 따라 분류한 배치도를 점자로 아로새긴 그 동판을 어루만져 보았다. 뜨거운 것이 가슴에 느껴지고 눈시울도 뜨거워졌다. 우리가 눈으로 즐기는 이 아름다운 것들을 앞을 못 보는 사람에게도 어떻게든 나누어 주고 싶어하는 애틋함이 이 작은 동판 위에 표현되어 있는 것이다. 이것은 인류의 마지막 이상인 평등주의 이념의 작은 표상이기도 하다.

신체 장애자의 대학 입학 허가 문제를 두고 대학가에 시비가 벌어지고 있는 이때, 문득 맹인들의 눈이 되어 주는 창포원의 그 작은 주조물이 마음에 떠오른다. 그리고 아직도 우리의 굳은 편견과 옹색한 마음이 부끄럽다.

터키 문명전文明展

1985년 4월부터 약 2개월간에 걸쳐 동경에서 〈터키 문명전〉이 열렸다. 기원 전 6천 년 신석기시대로부터 19세기에 이르는 터키 문화유산을 이렇듯 한꺼번에 체계 세워 외국에서 전시회를 갖는 것은 이것이 처음 있는 일이라 했다. 부유한 나라의 문화중심지에서는 많은 비용을 들여 신 · 구 세계 문화에 접할 기회를 제공하여 매력 있는 문화 도시의 면모를 갖추려 한다. 여행지에서 가끔 마주치는 이런 기회는 복권을 뽑은 것과 같은 행운인 것이다.

전시장에 첫발을 들여놓았을 때 먼저 나의 눈길을 끈 것은 머리를 잃어버리고 몸채만 남아 있는 여신 좌상이었다. 신석기시대 유적지에서 발굴되었다고 기록되어 있는 이 테라코타 〈여신상〉은 지금까지 내가 보아온 어느 여신보다도 힘이 넘쳐

보였다. 그것은 전쟁과 승리의 남성적인 힘이 아니라 풍요롭고 윤택한 생산의 원동력과 같은 여성적인 힘이었다.

그녀의 통통한 다리는 둘레와 길이가 똑같은 정도이고, 그 다리에 어울리는 반석 같은 둔부, 두리뭉실한 어깨, 그리고 풍만한 두 개의 유방, 그 끝의 유두는 끝없는 분출을 상징하여 푹 패인 우물로 표상화 하였다. 살갗 표면에 엷은 채색 무늬가 보이는 것으로 나체상은 아니라는 뜻인 것 같다. 발목에 한 줄 가느다란 선이 보이는 것은 거기까지는 옷을 입었다는 뜻인가? 그것은 손바닥에 올려놓을 만한 크기의 것이었다고 생각되는데 시간이 흐를수록 내 머리 속에서 자라고 또 자라서 커다란 바위와 같은 인상으로 남아 있다.

지중해와 흑해를 위아래에 두고, 서쪽으로는 동유럽, 남쪽으로는 아랍 제국, 북으로는 러시아, 동으로는 아세아, 사통팔달의 세계적 요지에 삶의 터전을 잡았던 이 민족의 힘찬 생활력이 엿보이는 작품이었다. 그것은 윤택한 대지에서 퍼 올리는 힘, 자연의 축복을 신뢰하는 힘의 소산이다.

청동시대로 들어가 〈두 마리의 사슴〉 앞에 나는 오래 서 있었다. '모가지가 길어서 슬픈 짐승이여' 하고 읊은 노천명의 사슴보다도 훨씬 초현실적인 기법으로 만들어졌다. 추상적인 기법으로 사물의 본질을 투시하는 시각이 그 옛날 사람들에게도 있었다는 말인가. 청동시대의 조소 작품들은 현대 작품을 앞질러 있다는 감마저 들었다.

알렉산더 대왕의 침공으로 이 나라가 로마의 세력권에 휩쓸렸던 그 이후로는 대리석 조각작품이 시대를 대표하는 유물로 등장한다.

그리스 · 로마의 웅대한 대리석 문화, 그리고 로댕으로 이어지는 섬세한 힘의 문화에 다소 익숙해진 우리의 눈에 터키의 대리석상은 끝없이 왜소하고 힘이 없어 보였다. 우수작임을 과시하는 여러 찬사가 붙어 있는 〈목동〉조차도 로마문화의 아류이고 모방으로 밖에 보이지 않았던 것은 서글픈 일이다.

그러나 오스만왕조시대로 들어오면 터키문화는 또다시 현란의 극치를 연출한다. 터키의 오스만 왕조는 아시아 아프리카 유럽 등지로 세력을 확장하여 대제국을 이루었다. 우리가 지금 터키석이라 부르는 채색 영롱한 보석과 황금이 이 시대에 유품들의 주된 소재다. 이슬람 문명 특유의 투구, 칼집, 그리고 온갖 장식 용품들, 이것은 예술품이었다기보다는 당대 권세가들의 일상용품이었으리라는 인상과 함께 그 세력을 가히 상상케 하고도 남음이 있다.

근대로 내려올수록 유물은 고대의 것들보다 훨씬 낡고 닳아진 인상을 주었다. 어느 대갓집 마루에 대대로 깔린 채 내려왔을 카펫, 올이 풀어진 타페스트리, 무늬 넣어 짠 정교한 자수 직물들…… 그러나 이것들은 만든 사람의 손길보다는 사용한 사람들의 시련의 땟자욱이 더 느껴지는 물건들이다.

한 민족의 여명을 알리는 우람찬 창조의 힘, 이어서 밝아오는 예지, 문화의 혼류와 흥망성쇠……, 8천 년이라고 하는 기나긴 세월이 흐르며 남긴 역사의 발자취를 그 숨가쁜 변화의 물결과 함께 음미할 수 있었다고 하는 것이 감동스러웠다.

1976년 프랑크푸르트에 들렀을 때 키가 작고 얼굴이 거무스름한 터키인들이 우울한 인상으로 거리에 나다니는 것을 많이 보았다. 그들의 대부분이 청소부로 고용되어 온 사람들이라 했다. 내가 터키를 실감으로 아는 것이라고는 이 왜소하고 우울한 품팔이 나온 사람들에 대한 슬픈 인상뿐이었다. 그런데 터키 문명전을 보고는 내 마음속에 자리하기 시작한 편견을 지우고 그들에 대한 인식을 새롭게 했다.

이와 때를 같이하여, 동경에서는 환락가의 퇴폐적인 영업형태로 간주되던 터키탕(도루코부로)의 명칭이 당당한 문명국의 명예를 훼손하는 것이라 하여, 이를 시정하자는 여론이 높이 일기 시작했다. 그 후 그 명칭이 시정되었는지는 알 수 없으나, 터키 문명전이 그것을 본 모든 사람들에게 그 민족에 대한 존경심을 불러 일으킨 것이리라.

지금 어떤 처지에 있든지,저들 민족의 저변에 내재하는 힘과 그 가능성은 여실히 보여준 셈이다. 8000년의 역사가 보여주듯이 응달이 양지가 되는 날도 있을 것이고 저들의 문화의 꽃이 새로운 모습으로 피어날 날도 있을 것이라 기대한다.

미야라비

≪미야라비≫는 도오쿄東京 시부야의 외각지대에 있는 좀 특이한 음식점이다. 술도 팔고 여자들도 있으니 이런 곳을 요정料亭이라 부르는지 모르지만, 단순히 우락가 생각하고 있는 요정과는 다르다. 미야라비에는 오키나와沖繩의 전통 가무傳統歌舞인 류우큐 무용琉球舞踊을 상연하는 작은 무대가 있고 그 무대의 두세 배 정도밖에 안 되는 객석에 옹색스럽도록 많은 의자와 탁자가 들어 차 있는 보통 술집이다. 이 가게의 경영자는 류우큐 무용 琉球舞踊의 전수자이자 이에모토[家元]인 여성으로서, ≪미야라비≫는 그녀가 이끄는 무용단의 이름이기도 하다.

이 ≪미야라비≫가 개점 30주년을 맞이하여서 벌인 축하연에 초청을 받아서 가 보게 되었다. 이 밤의 잔치에서는 오키나와 고유의 소박한 음식들이 안주로 나오고, 남방색이 짙은 류우큐 가무(琉球歌舞)로 흥을 돋구었다. 눈에 설고 귀에 설은 가무가 늘 그러하듯이 이국적인 정취를 물씬 느끼게 하는 분위기이기는 하였지만, 그러나 그곳에 모인 후원자들의 그 뜨거운 열기가 어디에 근거하는 것인지 신기한 생각이 들었다. 한국에서는 보기 어려운, 말하자면 특이한 일본적인 분위기라 생각되는 것이었다.

옆 자리에서 여러 가지 설명을 해 주는 분께 여기 모인 손님들이 모두 오키나와 출신들이냐고 물어 보았더니, 그런 것은 아니라고 하는 대답이었다. 자기 자신도 오키나와와는 아무 관련이 없지만 대학시절에 우연히 와 본 것이 인연이 되어 그럭저럭 이십 오륙 년이나 장기 단골 손님이 되어 버렸다고 했다. 나의 안내자인 이부키(伊吹) 선생도 그만한 경력의 단골 손님이고, 저 분도 저 분도 하고 손으로 가리키는 신사들 부인들이 모두 오래인 미야라비 동호인同好人들이라고 했다.

근년에 미야라비의 이에모토[家元]와 그의 문하생들이 동경의 국립극장 에서 공연을 가져 류우큐 무용琉球舞踊이 새삼 각광을 받았고, 다시 국립 노오가쿠도[能樂堂]에서 일본의 고전 가무극들과 비교 상연도 하여 오키나와[沖繩]의 예능이 새로운 관심을 끌게 되었다고 한다. 말하자면 외국처럼 멀리 느껴지는 오키나와의 민속 예술의 흐름을 일본문화의 중심으로 끌어들이기 위한 발판의 하나가 ≪미야라비≫였던 것이다. 그런

대 애당초 술집의 형태로 운영되는 이 집이 화류계花柳界로 전락하지 않고 예능의 전파 공간 구실을 해냈다고 하는데 깊은 감명을 받았다. 무대에서 춤추던 무용수들이 옷을 갈아입고 내려와 음식을 나르고 술도 따르고 한다. 친숙하게 아는 처지이니 주고받는 말이 허물없고 때로는 짙은 농담도 오고가지마는 어디까지나 집주인과 손님 사이에 지켜야 할 예절이 깍듯이 지켜지는 그런 분위기였다. 풋내기 대학생 시절의 단골 손님들이 연륜과 함께 의젓한 사회 명사가 되어갔고, 미야라비의 예능도 또한 세월 따라 빛을 더하게 되어 마침내 이것을 애호하는 사람들의 후원으로 큰 무대에 설 수 있게 되었던 것이다.

뜻이 있는 곳에 길이 있다는 말이 있지만, 뜻이 있어도 그것을 귀히 여겨줄 줄 아는 사람이 없다면 길은 열리지 않는 법이다. ≪미야라비≫를 30년 존속케 하고, 연약한 여성들이 품은 갸륵한 작은 뜻을 크게 키운 것은 다름아닌 이 순수한 대중 단골 손님 이외에 달리 없었을 것이라 생각한다.

나이

도오쿄(東京)에서 있었던, 아시아 여러 나라 도서 제작 전문가 세미나에 강사講師로 초청된 북 디자이너 도찌오리(栃織) 여사는 약속 시간이 5분쯤 지나서야 회의장에 도착했다. 엉겁결에 엉뚱한 곳으로 뛰어든 놀란 토끼마냥 들어선 그녀는 150cm가 좀 넘을까 말까 한 작은 키에 깡마른 데다가 블루진 바지에 허술한 티셔츠를 입고 단발머리를 하고 있었다. 눈과 입만 유난히 커 보인, 화장기化粧氣 없는 얼굴은 마흔 살은 넘었음직하게 느껴졌다.

현대 일본의 출판물들은 그 장정裝幀에 있어서도 세계에서 유례를 찾아 볼 수 없으리만큼 가장 현란한 발전을 이룩하여 왔다. 그러한 일본에서 그녀가 가장 이름이 알려진 책 장정裝幀의 전문가라고 하니, 사람들은 무엇이든 새로운 아이디어나

기술 같은 것에 대한 정보를 얻을 수 있으리라고 기대에 부풀어 있었다.

그러나 그녀는 그러한 것에 관한 한 거의 전혀 언급이 없었다. 그녀는 옛날 옛적 책이 아주 귀하던 그 시절, 사람들이 책 만드는데 기울이던 정성에 대해서 말을 했다. 손으로 한 장 한 장 낱장을 꿰매어, 가죽으로 표지를 씌워서 그 유일唯一한 책을 아름답게 오래오래 보존하려 했던 정성에 대해서…. 그러한 모로코 가죽의 옛 책에 반하여 손으로 가죽 책을 만드는 공예를 배우기 위해 자신이 벨기에에 유학한 이야기며, 지금 어떤 정신으로 자신이 전문업專門業에 종사하고 있는가를 이야기하였다. 그녀는 현대의 도서 제작이 대형화大型化 기계화機械化 되어서 단지 소모품을 양산하고 있을 뿐, 책을 제작하는 과정에 인간의 애정과 존경과 그 가치에 대한 경외敬畏는 끼어들 여지가 없어져 가고 있음을 개탄하였다. 그녀는 그 작은 체구로써, 책을 만드는 과정에 있어서, 기계화 機械化 비인간화 非人間化 되어 가는 현대 문명에 혼신으로 저항하고 있는 것이었다. 그녀는 기술자가 아니라 예술가였다.

그런데 그녀가 그러한 이야기를 하고 있는 동안 그녀의 얼굴은 점점 젊어져서 드디어 나의 눈에는 그녀가 20대 초반의 신선新鮮한 아가씨처럼 보이는 것이었다. 얼굴에 어울리지 않아 기이하게 보이던 단발머리가 고개를 돌릴 때마다 나풀거려 생기生氣를 북돋우어 주고, 디룩디룩하게 느껴졌던 눈에는 아름다운 광채가 돌았다. 참으로 매력 있는 여자라고 생각되었다. 그리고 그 매력은 생김새와 옷 매무새와는 결코 상관이 없는 저 헤아릴 수 없는 심층深層에서 발산하는 빛살이었다. 나는 이러한 기이한 매력을 그녀뿐 아니라, 어떤 일에 일가一家를 이루고도 아직도 그 일에 정열을 가지고 투신하고 있는 다른 사람들에게서도 느낀 적이 있었다. 그녀와 악수할 때 나는 따뜻한 우정을 느꼈다. 이성異性이었다면 그런 감정은 연정戀情으로 발전할 수도 있었으리라. 그리고 나는 아직도 그녀를 생각할 때마다 그녀가 마흔 살인지 스무 살인지 모호하기만 하다. 나에게 강렬하게 남겨 준 인상대로라면 그녀는 지금 스무 살이라야 옳을 것이다.

사람이 나이를 먹으면 아무리 가꾸고 다듬어도 얼굴에는 주름이 잡히고 몸은 탄력을 잃게 마련이다. 그렇지만 정열의 불씨는 자신이 마음 먹기에 따라 언제까지나 마음 속에 간직할 수가 있다. 이것은 사람에게 생기를 주는 원천이 되어 가까이 대하는 사람들에게 그의 나이를 잊게 하여 주는 요소가 되기도 한다.

생애를 바치고도 오히려 모자라 하며 정열을 쏟을 대상을, 자기의 일 속에 서 발견한다는 것은 인생을 언제까지나 젊고 매력 있게 사는 한 방편도 되는 것이리라.

써비스

우리 한국 사람은 보편적으로 사람을 평할 때, 잔일에 너무 꼼꼼하고 남의 실수나 잘못을 시시콜콜 따지는 사람보다는 웬만한 일에는 눈감아 주고, 알면서도 가끔은 손해 볼 줄 아는 사람을 덕이 있는 사람으로 치부하는 경향이 있어 왔다. 그런 영향을 받은 때문인지 나는 물건을 사면 번번히 실패를 하고 손해보기가 일쑤다.

원래 성격이 꼼꼼하지 못하고 데면데면한 탓도 있겠으나, 옷가지라도 사려고 가게에 들어가면 점원이 찰싹 달라 붙어 이것 저것 역겹도록 애교를 떨며 억지로 말을 시키고 간섭하는 것이 귀찮고, 사지 않고 나오면 노골적으로 불쾌한 표시를 하는 것이 두려워 "에라 모르겠다." 하고 아무거나 사들고 나오니 결과가 좋을 리가 없다.

집에 돌아와서는 바느질 고리부터 꺼내다가 상품의 끝마무리를 내 손으로 해야 했던 일이 한두 번이 아니다. 그러면서도 어떤 사람이 일단 사갔던 물건을 바꾸러 와서 가게 사람과 싸우며 실랑이를 벌이는 광경을 본다거나, 고발 사태에 이르게까지 되는 것을 보면, 마음은 슬그머니 그 손님이 좀 지나친 것 같이 여겨지니 이것이 바로 오랫동안 젖어 온 구 세대의 정서적 유물이 아닌가 하는 생각이다.

'고객은 왕이다' 라는 말이 있다. 내가 그저 보통 사람들이 다니는 상점이나 음식점, 슈퍼마킷 같은 곳을 이용하는 서민이기 때문에 그런지 몰라도 왕과 같은 대우를 받은 기억이 없다. 그 말이 일본에서라면 실감이 날 법도 하다.

일본에서는 보통 가게에 샘플만 진열되어 있고, 고객이 가져 갈 물건은 장 같은 데 포장되어 쌓여 있는 경우가 많다. 손님은 표본을 보고 물건을 고르되 이만 저만 세밀하게 검토하는 것이 아니다. 겉으로 보고 속으로 보고 물어 보고 그것이 옷 같으면 입어 보고 그러고 나서 사기로 결정하면 샘플과 같은 종류의 것을 내다 준다.

그때 손님은 그 자리에서 그것을 펴 본다거나 하는 일 없이 안심하고 가져간다. 아무리 하찮은 것이라도 충분히 검토하고 고려하여 물건 하나를 선택하기까지 고객의 권리가 아무런 스트레스 없이 보장이 되는 풍토다. 그러다가도 물건을 고르지 못하고 그냥 나가는 경우, 주인은 마음에 드는 물건을 갖추어

놓지 못해서 미안하다는 자세다. 그리고 '이 많은 가게들 중에서 우리 가게에 들러 주셨으니 고맙다.'라는 태도로 손님을 전송한다.

정말 대접을 받고 있다는 것을 실감하지 않을 수 없다. 겨울 방학에 일본 연수 갔다 온 학생들이 이구동성으로 나와 같은 감상을 말하는 것으로 보아 이것은 나의 편견만은 아닌 것이 확실하다.

만일에 사 가지고 간 물건에서 아주 작은 하자라도 발견되었을 경우 언제든지 가지고 나가서 바꾸어 올 수가 있다. 물건 하나 사는데 고객에게 두 번 걸음을 시켰으니 얼마나 미안한 일인가. 주인이 백배 사과하는 것도 당연하고도 당연한 일이다. 이렇듯 하자로 말미암은 교환 사태가 한 종류의 물건에서 서너 건이 나오게 되면, 상점의 이미지를 떨어뜨리는 저해 요소가 된다고 하여 그런 생산업체와는 거래를 중단한다는 것이 통례라 한다.

이렇듯이 상인들은 고객에 대한 철저한 서비스 정신을 바탕에 두고, 오랜 세월에 걸쳐 생산자와 고객 사이에서 엄격하게 나쁜 상품을 걸러내는 역할을 해 왔던 것이다. 이런 정신이 일본제품으로 하여금 세계적인 신용을 얻게 한 중요 한 요인이 되어 왔음이 확실하다.

장사는 신용이 생명이다. 그리고 신용은 고객에 대한 진실된 서비스 정신으로만 획득할 수 있다. 이것은 비단 개인의 사업상의 성공 비결이 될 뿐 아니라, 한 나라의 생산성을 향상시키고, 대외경쟁력을 강화하는 방편이 되기도 하니 일석삼조一石三鳥라 아니할 수 없다. 물가가 오를 때마다 업자들은 마치 무슨 선심이나 쓰는 것처럼 서비스 개선을 내세우곤 하는데, 이것 또한 본질적인 서비스 정신에 대한 인식을 그릇되게 하는 요인이 되고 있다.

상품은 상인의 손을 거쳐서 소비자의 손에 들어오게 되어 있으니 고객은 언제든지 물품의 하자에 대한 책임을 보급자인 상인에게 물을 권리가 있다고 생각된다. 여기에 진지하게 대처하는 것이 서비스 정신이 아닐는지.

명무전名舞展

국립극장에서 한국일보 일간스포츠가 주최하는 네 번째 〈한국 명무전〉이 펼쳐지던 날, 송 말선 할머니는 창경원 구경을 하러 온 시골 아주머니 같은 차림새로 무대에 섰다. 검게 그을린 얼굴에 장대한 골격, 손가락마디가 굵고 손이 큼직하다. 버선발로 무대에 섰다는 것을 제외하면 어느 모로 보나 춤꾼같이 보이지를 않는데 이 이가 바로 밀양서 온 춤의 명인으로 이제부터 〈잔가락춤〉을 추어 보인다는 것이다. 그는 억지로 등을 떠밀리어 나온 사람모양 겸연쩍은 미소를 지으며 눈을 내리깔고 서 있었는데, 이날 명무전에 출연한 분들이 실제로 등을 때밀리어 억지로 무대에 서게 되었다 해도 과히 틀린 말이 아닐 성싶다.

〈바라춤〉을 추어보인 김도봉 스님이나, 〈휘쟁이춤〉을 춘

김타업 할아버지나 춤을 내세우고 생활하는 분들이 아니다. 생활 속에서 평생을 닦아온 이들의 춤 솜씨가 그것을 찾아 방방곡곡을 뒤지고 다닌 집념의 사람들에 의해서 발굴이 되어서 그들의 손에 이끌리고, 혹은 등을 떼밀리어 국립극장의 무대에서 춤 솜씨를 피로하게 되는 것이라 한다. 이러한 춤의 연속 상연을 시도하고 있는 것이 곧 〈한국명무전〉이다. 송 할머니의 잔가락 춤은 어깨놀림에 특색이 있어 보였다. 쿵덕쿵 하고 힘차게 북이 울리면 으쓱 하고 올라가는 어깨 짓이 심상치가 않다. 장단을 맞추고 있는 북소리가 유난스럽게 가슴을 쿵쿵 울린다. 북소리에 이끌리어 춤의 어깨놀림이 잦아지기도 하고 버선발이 사뿐사뿐 추스려지기도 한다.

춤도 춤이려니와 옥색 바지저고리 차림에 머리에 흰 수건을 질끈 동여매고, 권투 선수가 강 펀치를 퍼붓듯이 혹은 머슴이 장작을 패듯이 북을 두들겨대는 고수鼓手들이 나의 눈길을 끌었다. 그들의 눈은 잠시도 춤에서 떠나지를 않는다. 〈으으이〉하고 뱃속 깊은 곳에서 힘 있게 지르는 추임새 로서 춤추는 이의 어깨를 치켜 올리게도 하고 무대를 한 바퀴 휘돌게도 만든다. 춤의 흥이 고조되면 북소리도 따라서 질풍같이 휘몰아친다.

발레 음악을 반주하는 교향악단은 오케스트라 박스에 숨어 무대 위에서 지금 어떤 광경이 전개되고 있는지 그저 막연하게 상상이나 하면서 연주를 한다. 그러나 우리 춤의 반주자라고 할 수 있는 저 고수들은 당당하게 춤추는 사람들과 같은 높이에 앉아서 눈길도 나누고 숨결도 나누며 예藝의 창조에 간섭을 하고 가담을 한다. '권투의 강 펀치를 퍼붓듯 장작을 패듯' 이라고 무지한 표현을 하였으나, 칠순 노경을 바라다보는 고수들의 흥의 고조에서 느낀 나의 놀라움을 그렇게 말했을 뿐 채를 잡은 그분들의 손놀림은 그대로 어떤 경지를 보여주었다.

무대예술은 흐르는 시간 위에 창조되는 순간의 예술이라고 한다. 피었다 곧 사라질 한 송이의 꽃을 위하여서 무용수와 고수가 있는 힘을 다 쏟아내고 있는데, 그 현장에서 지금 관중은 무엇을 하고 있는가, 무엇을 해야 하는가 하는 생각이 어떤 아쉬움과 함께 고개를 든다.

나를 명무전에 초대해준 윤교수는 무대가 끝나고 난 뒤, 박수를 너무 쳐서 어깨가 뻐근하다고 말했다. 나도 그에 못지않게 열렬히 박수를 쳤다. 특히 연세 많으신 고수들 쪽을 향해서 더 많은 박수를 보냈다. 그러나 박수만으로는 무엇인가 부족한 듯한 아쉬움이 남는다.

박수갈채란 보내는 자와 받는 자가 따로 있어서 그들 사이에 어느 정도 거리가 있을 때 주고 받는 격식이다. 관중들 중에는 무대와 관중 사이에 있는 이 거리를 잊어버리고, 혹은 의도적으로 그것을 해소해 보려고 무대쪽으로 성큼 다가가려 하는 사람들이 있었다. 그들의 몸은 무대하고는 거리도 멀고 높이도 훨씬 낮은 의자에 묶이어 있지만, 마음이 그 쪽으로 달려가는 것이다. 〈얼씨구〉, 〈좋다〉, 〈으이, 으이〉하는 소리가 무릎 장단과 함께 터져 나오는 것으로 그들의 마음은 이미 무대 위 잡이들 곁자리에 앉아 있다는 것을 알 수 있다. 흥을 알고 또 흥에 자기의 몸을 실을 줄 아는 사람들을 위해서 현대식 무대와 관중석은 이 얼마나 불편하고 어울리지 않은 놀이터인가.

만일에 관중의 고조된 감흥이 좀더 자유스럽게 유도되고 그것이 출연자에게 전달되어 서로 교감할 수 있는 보다 자연스러운 분위기를 가질 수 있었다고 한다면 아마도 그 춤은 더욱더 고조되고, 관중도 창조에 참여한다고 하는 흐뭇한 한때를 즐길 수가 있을 것이다.

몇 해 전 일본에서 온 친구를 데리고 판소리 춘향전을 보러 간 일이 있었다. 우리 옆 좌석에 앉은 중년의 남자분이 노랫가락에 흥이 나면 자주 무릎을 치며 〈좋다〉 소리를 연발 했었는데, 말귀도 알아듣지 못하고 노랫가락의 멋도 모르는 외국인인 친구가 하는 말이 저 사람의 모습을 보니 한국의 예술이 어떤 것인지 짐작이 간다고 말했다.

현대 연극이 무대와 관중의 거리를 해소하기 위한 시도로 관중석 속에 무대를 장치하고 배우들이 관객석에 앉아 있다가 등장하고 또 관중석으로 퇴장하여, 마치 관중이 직접 연극에 참여하는 기분을 느끼게 하려 한다. 나는 그런 무대를 몇 차례 본적이 있으나, 거기에서는 관중들이 무대 속에 성큼 다가가고 싶어하는 흥분과 동요를 목격한 적이 없었다.

그러나 우리의 명창이나 명무를 듣고 보는 사람들은 서슴없이 그러한 고조된 흥을 보여준다. 이런 광경을 볼 때면 우리의 고유한 전통 예술이 마땅히 발표의 장으로 가져야 할 적합한 무대를 갖지 못하고 있다는 아쉬움을 느끼게 된다. 그것이 옛날에는 〈마당〉이었고 〈누각〉이었고 〈사랑〉이었을 것이니, 하는 사람과 보는 사람의 거리가 훨씬 더 가까웠을 것은 확실한 것 같다.

명무전의 막이 내리고, 주최자측에서 조촐한 잔치를 베풀었다. 남방샤쓰에 바지차림으로 옷을 갈아입고 나온 출연 자들을 가까이에서 보니 그들은 그저 평범한 촌로村老들일 뿐이다.

저같이 소박한 생활인의 영혼 깊숙이 우리의 고유한 예능이 전승되고 아직도 힘있게 살아 숨쉬고 있다는 것을 확인하는 것은 감격스러운 일이었다. 저들의 예능이 남몰래 시들어버리는 꽃처럼 그렇게 사라져버릴 것을 아쉬워하며 그 자취를 어디엔가 머무르게 하려고 끈질기게 취재활동을 해온 사람들에 대해서도 아낌없는 찬사를 보내고 싶다.

여인 단상斷想

H 시인

"집을 나올 때면 날마다 마음속에서 트렁크를 들고 나오지요." 나는 그분의 시를 좋아했지만, 이 말을 듣고부터는 그 사람도 좋아하게 되었다. 그녀는 또 '벗을 수 있는 것은 다 벗어버리고 싶다' 는 말도 했다.

그녀는 유복한 가정에서 품위를 지키며 사는 조신한 여인이다. 남의 앞에서 웃은커녕 양말도 못 벗을 사람이고, 트렁크를 들고 문을 나설 위인은 결코 아니다. 그러나 마음속에서나마 그렇게 겉치레를 벗지 않고 어떻게 한 줄인들 진실 된 시를 쓸 수 있으랴.

나는 내가 진정한 문학가가 되지 못하는 것은 재주가 없어서가 아니라 용기가 없어서라고 생각할 때가 있다. 예술을 하겠다는 사람은 우선 자기방어의 단단한 껍질을 깨버릴 용기가 있어야 하고 거기에서 오는 아픔을 이겨내는 강인함도 있어야 한다. 아무 것도 쓸 것이 없을 때가 자기를 가장 비열하다고 느낀 때이다.

사랑의 힘

가지 끝에 외롭게 매달려 있던 나뭇잎이 어젯밤에 분 바람에 깨끗이 떨어져버렸다. 그리고 우리 아버지 형제 중에 마지막 남아 계시던 우리 고모님이 돌아가셨다. 내가 태어나기도 전에 고모는 시집을 가서 타관에 사셨지만 집에서 자라던 시절의 이야기를 하도 들어서 내가 눈으로 본 것같이 생각된다.

키가 크고 잘생긴 총각이 우리집으로 고모의 선을 보러 왔다. 그분이 바로 우리 고모와 결혼하여 칠순이 넘도록 잘도 싸우면서 해로하신 우리 고모부시다. 싸움을 하는 동기는 단순한 것으로 고모가 교회에 나가는 것을 고모부는 싫어하고 고모부가 술을 많이 마셔서 고모는 투정을 했다. '내가 저 원수를 왜 만났던고' 하고 고생 많이 시키고 자유를 구속하는 남편을 가끔 원망하는 고모이기는 하지만, 그래도 처녀 적에는 첫눈에 마음에 들어 그 남편감을 놓치지 않으려고 밤을 새워 한글 공부를 했던 우리 고모이시다. 선을 본 총각이 색시 될 처녀가 공부를 안 한 것을 알고 글을 깨치지 않으면 결혼 않겠다고 당돌한 조건을 내걸었다. 그렇게도 글 눈이 어두워 시누이에게 글을 가르치려던 우리 어머니를 애태우던 고모가 무슨 영감에 의해서인지 눈을 뜬 것 같은 반짝이는 지혜를 발휘하여 놀라운 발전을 보여서 읽고 쓰기를 단시일에 마스터했다는 것이다.

고모가 속상해서 투덜댈 때 '그래도 고모부를 안 놓치려고 밤새워 한글 공부했다면서요?'하면 고모는 피식 웃고 다시금 평화로운 얼굴을 되찾곤 하시었다. 우리 아버지를 꼭 닮은 고모의 모습도 다시는 뵐 수가 없게 되었다.

족보

시댁 큰어머니가 소작인들이 불을 질러 불길에 휩싸인 집안으로 뛰어들어 족보가 들어 있는 고리짝을 밖으로 내던지고 당신은 소사하셨다고 들었다. 해방 후 북녘 땅에 공산주의 혁명의 회오리 바람이 불던 시절의 이야기이다. 그분이 자신의 목숨과 더불어 던진 것이 돈 궤짝도 보석상자도 아니고 족보였다고 하는데 가슴을 찌르는 아픔을 느낀다. 만일 그 기질을 가지고 이 시대에 태어났다면, 그리고 내가 누린 만큼 만이라도 교육 받을 기회를 가졌다면 정치가라면 야당의 당수, 교육자라면 김 활란 같은 대학 총장쯤 되었으리라 생각한다. 의롭고 담이 있고 실천력 있는 사람들은 언제 어느 시대에도 있었지만, 관습의 올가미에 꼼짝없이 묶이었다가 그 속에서 작게 빛나며 사라져간 예가 허다하다. 아까운 생각이 든다.

할머니

가게 앞에 웬 할머니가 손녀아이를 데리고 나와 앉아서 놀고 있다. 할머니에게 안긴 세 살쯤 되어 보이는 여아는 그 작은 팔로 칠면조의 모가지 같이 주름 잡히고 늘어진 할머니의 목을 끌어안고 얼굴에 뺨을 부비고 볼에 입을 맞추고 한다. 할머니는 실눈을 뜨고 애기의 하는 대로 얼굴을 내맡기고 그 곰상스런 애무에 흐뭇해 하고 있다.

아이의 사랑의 표시는 자기가 사랑 받은 데 대한 본능적이고도 자연스런 보상 행위이다.

저 아이가 몇 살쯤 되면 미美 · 추醜에 눈을 뜨고 할머니의 보기 흉한 얼굴에 더 이상 입을 맞추지 않게 될까. 아니면 소녀가 되고 어른이 되어도 할머니에게 향한 저 다정스런 마음은 변함이 없이 지속될 것인가.

젊거나 늙거나, 아름답거나 추하거나, 남자이거나 여자이거나 상관없이 그저 사랑 받는 만큼 사랑해 주는 저 상호관계, 저 무색 무취의 순수한 사랑…… 선악과를 따먹기 전에 사람과 사람은 모두 이런 관계로 시종했을지도 모른다.

수도녀

오늘 원불교 전도사와 함께 점심을 먹었다. 식후엔 커피도 아이스크림도 사양한다. 수도자의 아름다움은 절제하는 생활에서 온다. 주거와 먹는 것, 입는 것을 절제하고 그것이 남 보기에 거북하게 느껴지지 말아야 한다. 속세에서 속인들과 섞여 살면서 그렇게 사는 것이 얼마나 어려운 일인지. 그러나 그녀는 아주 우아하게 그 일을 했다. 소박하게 조금 먹고 만족하고 감사하고, 더 많이 먹는 우리에게 아무런 부담도 주지 않는다.

크리스마스에

시무룩하게 생각에 잠겨 있던 고1학년 아들 아이의 이야기다. 음악회에 갔다가 돌아오는 길에 한 소년을 보았는데 굳게 닫힌 남의 집 대문에 맥없이 털썩 기대면서 무어라 중얼거리더라는 것이다. 지나쳐 오려 하니 아무래도 마음에 걸려 되돌아가서 왜 그러느냐고 물어 보았더니 소년은 이틀을 굶어서 기운이 없다고 말했다 한다. 평택에서 남의 집 농사를 돕다가 공장에 취직하려고 올라왔다는 그 아이는 15세쯤 되어 보이는 허약한 소년이었다. 가게로 데리고 가서 있는 돈을 다 털어 호빵 세 개를 사 주고, 멍하니 서 있는 그 아이를 추운 거리에 남겨둔 채 그대로 돌아왔다는 것이다. "호빵 세 개가 그 아이의 문제 해결에 무슨 도움이 됐겠어요. 이럴 때 내가 어떤 일을 더 할 수가 있겠어요." 이렇게 묻는 아들의 얼굴에는 괴로운 빛이 어리었다. 빵 세 덩어리는 허기진 창자에 한 끼 요기거리도 못 된다. 앞길이 막혀 있는 한 소년이 그것으로 구제되는 것은 더구나 아니다. 아들아이가 미흡한 자신의 마음을 달래지 못하고 있는 것은 당연하다. 그러나 나는 아들이 그 때 그 가슴 속에 밝힌 작은 등불을 더없이 귀중하게 생각한다.

"너의 호빵 세 개는 가난한 과부가 부끄러워하며 남 몰래 하나님께 바친 동전 두 잎 같은 것이다."라고 나는 대답했다.

일시적인 자선慈善은 이 사회에 걸인을 양산할 뿐 무익한 것이라고 누군가는 말했지만, 기실 이 말은 이상은 높은 데 두고 심령은 오히려 낮은 자리에 머물러 있었던 가롯 유다의 이론을 뒤집어 놓은 것에 지나지 않는다.

예수님은 〈지극히 작은 자 하나가 굶주렸을 때 먹이고 병들었을 때 돌보고 나그네 되었을 때 영접하는 것이 곧 나에게 하는 것〉이라고 말했다. 오늘은 그러한 예수님의 탄생을 경축하는 크리스마스다. 이 땅 위에 오신 구세주 예수를 영접하라고 교회마다 은빛 종소리를 소리높이 울리고 있다.

그리고 그 예수님은 이미 어젯밤에 굶주린 한 소년의 모습으로 나의 아들 앞에 나타났었다. 나는 지금 지극히 작은 자의 모습으로 나에게 왔었던 수 많은 예수님의 변신들을, 매정하게도 내가 푸대접했던 그 슬픈 얼굴들을 하나하나 떠올리고 있다.

4부

80점 짜리 훈장勳章

민이네 담임 선생님은 일년 작정하고 아이들에게 한자를 가르치기로 한 것 같다. 날마다 몇 자씩 익히게 하고 매주 한 번씩 쪽지 시험을 보곤 한다. 민이가 초등학교에 들어가기 전부터 할머니네 집에 오면, 할아버지는 마루에 걸린 족자의 글자를 짚어 가며 한글도 익히지 못한 아이에게 한자를 가르쳤다. 그걸 잊어버리지 않고 있다가 지금은 '山中人惟知自樂 天下事不在多言'을 줄줄 읽고, 그럴 듯하게 뜻풀이도 한다.

민이네 집에서는 공부 때문에 아이를 닥달하지 않은 편이고, 삼학년이 되도록 그 흔한 전과 하나도 사 주지 않는다. 그래서인지 민이의 학교 공부는 그저 그렇고 성적에 대해서도 데면데면할 뿐이다. 그런 민이가 한자 시험만은 꼭 백점을 맞기로 결심했다고 말했다.

그러던 어느 날, 내가 저희 집에 들어서자 마자 "할머니, 할머니! 나 한자 시험 80점 밖에 못 맞았다. 왠줄 알아?" 한다. '왠줄 알아?' 는 주의를 끌기 위한 민이의 화술이다. "왠줄 몰라" 하니까, 글자 두개가 얼른 생각나지 않아 고민하고 있는데 앞의 아이가 시험지를 높이 들어 뒤의 아이 들에게 보게 했다는 것이다. 그걸 흘긋 보고 답을 알아 버렸으니 더 생각해 보지도 못하고 답을 못쓴 채 시험지를 그냥 냈다는 것이다.

"좀더 생각하면 알 수 있었을텐데" 하면서 민이는 아쉬워했다. "어디 보자! 100점짜리보다 백 배나 더 값진 우리 민이의 80점 짜리 시험지. 이걸 상장처럼 액자에 넣어 걸어 두고 보자꾸나." 나는 정말로 그러고 싶을 만큼 마음이 뿌듯했다. 아이들의 마음 자리란 본래가 이렇듯 순백의 것이리라. 그러나 어른들이 하는 짓을 어느새 모방하여 옳지 못한 방법으로 선심이나 쓰고, 장난기로 얼버무리며 컨닝을 배워 가는 버릇이 생기는 것이다. 초등학교의 교실 구석에서 이런 일이 시작되고 있으니, 어린이들의 깨끗한 마음에 얼룩이 가지 않고 언제까지 순결한 채 지켜질지 걱정이 된다.

어렸을 때, 남들이 모두 하는 일을 별 생각 없이 따라 했다가 식구들에게 호되게 야단맞은 일이 있다. 그때가 해방 직전이어서 사람들 사는 형편이 극도로 어려웠고, 그야말로 아수라장이었다. 수도 물은 배급제나 다름이 없이 귀했고, 목욕 값은 10전이고, 머리를 감으면 따로 5전을 더 받았는데, 사람들은 그 5전을 아끼느라 목욕탕에 들어가자 마자 머리부터 감고 마른 수건으로 닦고 털고 해서 나갈 때는 어지간히 마른 머리를 하고서 집에서 감고 온 것이라고 우기며 카운터를 통과하는 것이었다. 단발머리를 말려서 문 앞에 앉아 있는 아주머니를 속이는 것쯤은 어렵지 않은 일이다. 집에 돌아와서 공짜로 머리를 감고 온 것을 자랑했더니, 언니는 내가 깜짝 놀랄 정도로 화를 냈다. 정직하지 못한 짓을 하고 부끄러운 줄도 모른다고 호되게 나무라고 당장에 5전을 갖다 주고 오라는 것이었다. 5전을 가지고 같은 반 친구의 어머니인 목욕탕 아주머니한테 가는 일이 어찌나 부끄러웠던지, 차라리 이대로 지옥에 떨어져 버리는 것이 낫겠다고 생각했을 정도였다. 그때 그 일은 마음속에 빠지지 않은 가시처럼 박혀서 그 후로도 줄곧 내가 하는 일에 간섭을 했다.

머리 감은 값 5전 때문에 나를 혼내주던, 나에게 어머니 같은 우리 작은 언니가 공교롭게도 질녀가 경영하는 목욕 탕에서 한 동안 카운터 일을 보아 준 일이 있다. 몇 년씩이나 단골로 다니던 손님이 목욕 값을 덜 내고 슬쩍 가버리려고 하는 것을 뒤쫓아가서 채워 받았다가, 단골 손님인데 그까짓 것도 못 봐주냐고 화가 나서 가더니, 다시는 오지 않게 되었다는 이야기를 했다. "언니도 참, 적당히 눈 감아주지 않고."라며 핀잔을 주면서도 내가 언니에게 잘못하고 있다는 것을 안다. 언니는 독일에서 6년 동안을 살다 왔다. 독일 사람들은 옳지 않은 일이나 질서를 어지럽히는 일을 보면, 그것이 아무리 사소한 일이라도 붙잡고 충고하며 타이르는 것을 의무로 알고 있다 한다.

〈하나우〉라는 아름다운 도시에 갔다가 목격한 일인데, 나와 동행하던 소녀가 길에서 한 아주머니를 만나서 한참 이야기를 하다가 왔다. 아는 분이냐고 물었더니 아니라고 하면서 입고 있던 바지가 너무 꼭 끼어서 보기 좋지 않으니 좀 큰 것을 입는 것이 좋겠다고 충고했다는 것이다. "독일 사람들이 얼마나 간섭이 심하다구요."라고 소녀는 불평을 했다. 아이들은 그것이 부자유하다고 더러 반발도 하겠지만, 그런 가운데서 어른들을 믿게 되고 더 많은 것을 배우며 건강하게 커 갈 것이다.

언제부터인지 출세를 교육의 지상 목표로 삼고, 정작 가르쳐야 할 가장 중요한 것들, 꿋꿋이 세상을 이겨 나갈 수 있는 올곧은 심지를 마음에 심어 주는 일을 은연중에 기피해 왔다. 이러한 의식이 쌓이고 쌓였다가 겉으로 들어난 현상이 지금 우리의 눈앞에 전개되고 있는 정치 마당의 추악한 싸움이다.

여행의 즐거움

아직은 아무도 추수를 시작하지 않은 10월 초순의 김제 벌판은 세상 에서도 가장 밝은 색을 골라서 그린 한 폭의 광활한 수채화였다. 황록색의 잎새는 투명하고 거기 반사하는 가을 햇살은 강렬하여 눈이 부시다. 청명한 하늘, 한 자락의 구름, 혼자서 보기에는 참으로 아까운 풍경이다. 호남선 특급 열차가 빠른 속도로 김제 평야를 지나쳐 버리려 하는 것이 안타까워 스포츠 신문에 열중하고 있는 옆 자리의 청년에게 "참 아름답지요?"라고 말을 붙여 본다. 청년은 나의 시선을 따라 차창 밖으로 눈길을 돌리더니, 즉각적으로 "저것이 다 농민들의 피와 땀으로 된 것이지요" 라고 말한다. 예상 밖의 무거운 대답에 어리둥절해서 말을 잇지 못하다가 "그렇긴 하지만, 하늘이 주신 햇볕이나 비의 도움 없이는 어렵지요." 라고 대꾸했더니, 대뜸 기독교인인가요? 라고 물어 온다. 나는 단지 우연히 마주친 아름다운 풍경을 누군가 함께 보아 주기를 바랬을 뿐인데, 우리들의 대화는 아귀가 맞지 않아 더 이어지지 못하고 청년은 다시 스포츠 신문으로 돌아갔다.

친구들과 만나서 이야기하다 보면 내가 얼마나 말이 서투른 사람인지 실감하게 된다. 내가 항상 듣는 편이 되는 것도 그때문이고, 마음을 털어놓지 않는다는 비난을 받기도 한다. 그런데도 불구하고 나는 혼자 여행을 할 때 옆 자리에 앉은 사람과 이야기하기를 좋아한다. 열차나 비행기에 올라 타자마자 잠잘 태세부터 갖추는 사람은 그가 아무리 잘난 신사라도 매력이 없다. 차라리 커다란 보릿자루가 옆자리에 놓여 있다면 이보다는 더 마음이 상쾌할 것이다.

나는 여행을 좋아하지만 그 즐거움을 아주 단순하게 생각하고 있다. 그것은 새로운 것을 보고 새롭게 사람을 만나고 하는 것이다. 아무리 경치 좋은 곳에 다녀와도 내 마음에 내려앉은 사람과의 만남이 없으면 허전하다.

서울로 이사 온 후로는 수원까지 오고 가는 출근 길도 나에게는 작은 여행이었다. 아침 여섯시 반이면 구파발에서 전철을 타는데, 거기서 한 아주머니를 만났다. 등산모를 쓰고 커다란 류크색을 안고 있었다. 옆 자리에 가서 앉았더니, "출근하시나 봐요" 라며 먼저 인사를 한다. 직장이 어디냐, 무엇을 가르치느냐, 아이들은 몇이나 두었느냐, 여러 가지 물어 보고 난 뒤, 아주머니는 자기의 이야기를 풀어 놓았다. 졸망 졸망한 아이들 넷을 두고 남편이 교통사고로 죽었다는 이야기, 옷 장사로 나서서 제품가게를 내게 되고, 자식들을 교육시켜 네 아이가 모두 대학을 졸업하고 결혼도 끝냈다는 이야기. 후덕한 얼굴에 눈웃음을 짓는 아주머니이다. "그러노라니, 그 고생이 오죽했겠어요. 그걸 남의 이야기 하듯 말하시네요."라고 하니까, "그래요. 정말 남의 이야기 같아요." 한다. 노후에 자식들의 신세 안 지고 살려고 광희동에 빌라를 하나 지었는데 아래 두 층은 세놓고 위층에서 의지할 데 없는 친척 아이나 하나 데려다가 같이 살아 보겠다는 것이다. 오늘이 그 집 준공을 하는 날이라 가게는 쉬고 새 집으로 가는 길이라는 이야기다. 자기 집을 갖게 된 벅찬 기쁨을 누구에게든 이야기하고 싶었을 것이다. 이른 아침에 그 기쁨을 내가 나누어 가지는 행운을 차지했다. 기쁜 마음뿐 아니라, 웃으면서 말한 지난날의 아픔까지도 마음 깊이 스며들었다. 내 마음속의 영웅은 잔다르크도 아니고 유관순도 아닌 바로 이 아주머니와 같은 사람이다. 그는 절망의 밑바닥까지 내려가 본 사람이며, 그것을 한 몸으로 당당하게 극복하고, 그 자리를 자랑할 만한 것으로 바꾸어 놓은 사람이다. 이런 사람 앞에서는 저절로 머리가 수그러지고 자랑할 것이 아무것도 없는 자신을 돌아보게 된다.

— 슬픔 속에서 그의 빵을 먹어 보지 못한 사람, 눈물

속에서 내일을 갈망하여 온 밤을 지새워 보지 못한 사람,
이들은 그대를 모를지니, 그대 성스러운 힘이여.
— (괴테)

출근 길 전철 속에서 만난 단 20분의 회우였지만, 그리고 다시 만날 가능성이 없는 사람이지만 이 씩씩하고 솔직한 아주머니는, 나의 앞에 남은 나그네길을 함께 해줄 벗으로 마음속에 오래 남아 있을 것이다. 과천과 수원을 잇는 고속 도로변의 코스모스와, 거기서 내려다 보이는 호수의 가을 경치가 아름다웠으나 그날의 큰 수확은 역시 이 아주머니와의 만남이었다.

헤아려 보면 이렇게 해서 마음 속 친구가 된 사람들이 두 손을 꼽고 남을 만큼은 된다. 거의가 이름도 성도 모른 채 헤어졌고, 우연히 어디에서 다시 만난다 해도 알아보지도 못할 사람들이다. 그들 중에는 농부도 있고 버스 운전수도 있으며, 불행한 결혼을 한 딸을 데리러 가던 미국인 할머니도 있다. 그들은 서민들이고 평범한 생활인이지만 제각기 다른 모양으로 진실된 삶의 모습을 보여준 사람들이고 마음이 따뜻한 사람들이다. 내가 그들에게 보여 준 것이 없었으니 아마도 그들은 나와 만난 사실을 기억조차 하지 못할 것이다. 나는 독자가 소설 속에서 마음에 맞는 인물을 만나듯이 비현실적이고도 일방적으로 그들을 만난 것인지 모른다. 그렇다면 또 어떠랴. 어차피 여행은 복잡하게 얽힌 현실에서 해방되려는 몸짓이고, 꿈의

세계로 이어지는 통로가 아니던가.

그러나 여행 길에서 얻은 나의 친구들이 내가 그리는 모습대로 지금도 어디엔가 살고 있는 사람들이라는 데 마음의 풍요로움을 느낀다.

손의 미학美學

직장의 한 동료가 〈선생님 손 좀 봐요.〉했다. 손을 펴 보였더니, 〈발은요〉해서 발도 들어 보였다. 〈역시 그렇군요. 일복을 타고 난 사람은 손발이 크대요〉하며 한숨을 내쉬었다. 나는 씁쓸하게 웃으며 얼른 손을 감추었다.

크리스마스에 초대 받아 갔던 집에는 예쁜 딸이 음식도 나르고 손님들 시중도 했다. 초등학교 4학년 난 소녀가 능히 여주인 노릇을 하며 어머니도 친구들과 어울려 즐길 수 있게 마음을 쓰고 있었다. 식후食後에는 그 딸이 치는 피아노에 맞추어 우리는 노래를 불렀다. 분홍색 원피스 차림의 귀여운 소녀가 우리 모든 사람에게 포근한 만족을 주었다. 칭송이 자자하자 어머니는 일하는 즐거움도 피아노 치는 것과 마찬가지로 배워야 알 수 있는 것이지만 여아의 손이 커지고 매듭이 굵어져 그게 걱정이라고 말했다. 이 친구와는 정반대의 견해를 가지고 딸을 키우는 또 한 친구가 있다. 그 댁에서는 아들은 세파世波에 끄떡 않는 기개氣槪가 있어야만 한다고 공립 국민학교에 보냈지만 딸만은 사립학교私立學校에 보내고 있다. 딸은 공주처럼 길러야 장차 귀하게 되고 손은 작고 비단결 같아야 구정물에 담그지 않는다는 것이다. 모두가 우리 인간 사회의 현상現像을 꿰뚫어 본 혜안으로 얻은 제 나름의 견해이리라.

나는 손이 유난히 고운 여자를 조금은 부러운 마음으로 유심히 관찰한다. 그들은 대개 무의식적으로 손을 아낀다. 의식이 없으니 악의도 없지만 어떤 경우에는 그 손을 써야 할 곳에 선뜻 손을 주지 않기 때문에 그 일을 어느 누군가가 대신하지 않을 수 없게 된다. 손을 곱게 가꾸는 여자는 대체로 자애심自愛心이 강한 것 같다.

인생 행로를 방향 짓는 팔자란, 말하자면 어려서부터 길들여진 성품에 의한 선택의 결과이지 결코 낳기 전부터 운명 지어진 것은 아닐 것이다.

여성이 세파를 뚫고 나갈 수 있는 강인한 태세와 고운 손을 함께 가질 수만 있다면 그야말로 금상첨화錦上添花라 할 수 있을 것이다. 그러나 양자가 병립될 수 없을 바에는 나는 역시 나의 자녀들에게 일하는 손 쪽을 택하도록 권할 것이다. 매듭이 굵어진 큰 손에서 그 역사를 읽을 줄 아는 눈이 있다면 거기에서도 또한 아름다움을 볼 수 있을 것이다

시간 값

원형 뜨기를 배우는 재봉 시간이었다. 퀴리부인을 꿈꾸던 과학자 지망생인 한 친구가 이런 건 배우지 않더라도 양복은 양장점에 맡겨 입으면 되지 않느냐고 말하였다가 크게 선생님의 노염을 산 적이 있었다. 여자답지 못한 그 사고하며, 당돌한 발언에 대하여 우리들은 장장 한 시간의 설교를 들었었다. 6·25전란 전의 일이다. 그러던 것이 지금은 자기 손으로 옷을 지어 입는 것이 여자다운 일이라고 생각하는 사람은 거의 없어진 것 같다. 양재를 전공한 가장 여성다운 H여사도 시간 값을 따지면 사 입는 편이 싸다고 하면서 즐겨 기성품 코너를 찾는다.

지난해 추석에 우리 집 아주머니에게 옷감 한 벌을 사다 주었더니 망설임도 없이 바느질 집에 갖다 맡기는 것을 보고 나는 놀랐다. 삯바느질 경력을 가진 아주머니의 솜씨를 내가 알고 있었기 때문이다. 번거롭게 벌이고 앉아 있느니 맡겨 입는 게 싸다고 생각했을 것이다.

나도 곧잘 시간 값을 따진다. 특히 원거리 택시를 탈 때 그렇다. 버스 타는 것과 비교하여 30분을 절약했으니 650원은 비싼 값이 아니라고 속으로 셈하는 것이다.

그런데 사람들이 이렇듯이 따지고 따져서 저축한 시간들을 과연 어디에 쓰고 있느냐 하는 것은 궁금한 문제가 아닐 수 없다. 돈을 쓰면서도 시간 값을 따지고 있으니 반드시 돈벌이와 관련시켜 생각할 수만은 없는 것 같고, 그렇다고 해서 딱이 가치 있는 일에 기여한다고 보여지지도 않기 때문이다.

잠자는 시간과 노는 시간을 연장하기 위해서인가? 오랜만에 세 사람의 친구가 만났다고 하자. 그중 한 사람이 자꾸만 시계를 들여다보면 나머지 사람들도 공연히 조급해지고 마음이 바빠진다. 파급효과라고 할까.

곰곰이 생각해 보면 현대에 사는 사람들 모두가 옛 시대에 사는 사람들보다 더 바빠할 이유가 없는 것 같다. 제 손으로 저고리도 지어 입으면서 약수동에서 종로까지는 으레 걸어 다녀야 할 통근 거리로 알고 지내던 시절에 비교해 볼 때 더욱 그렇다.

결국 시간 값을 따지는 것은 각박해진 마음의 표출일 뿐 시간을 가치 있게 활용하고 있음을 의미하는 것은 아닐 것 같다.

그러한 관습으로 해서 얻은 것은 불안과 초조 뿐이고, 잃은 것은 여유의 심정에서만 얻을 수 있는 생활의 멋과 운치다. 나는 버스를 타고도 초조하지 않고 스커트 하나쯤은 제 손으로 박음질하면서 시간이 아깝다고 생각하지 않아도 될 생활을 하고 싶다.

사랑의 계절季節

지난해 늦가을에는 비가 많이 왔었다. 개울 가 가겟집에서 기르는 열 마리나 되는 오리들이 목화송이 같은 흰 날개를 하고 맑은 물에 둥실둥실 떠 다닐 때에는 그저 보기 좋다고 생각했었는데 이제는 모두들 굴뚝을 쑤신 강아지처럼 되어 가지고 얼어붙은 개울가를 어정거리며 먹이를 찾아다니고 있다. 너희들도 겨울 나기가 이렇게 고생이로구나 하는 생각에 그 뒤뚱거리는 미련한 모습에도 전에 없이 애틋한 정이 간다.

오늘은 영하 12도로 기온이 떨어질 것이라고 하는 일기 예보가 있었다. 방 안에 가만이 누워 있어도 추위가 바짝바짝 조여 드는 것이 느껴지는 새벽, 눈을 뜨고도 자리 속에서 게으름을 피우고 있는데 신문 배달하는 아이가 담 밖에서 신문을 던지고 언덕길을 급히 뛰어 내려갔다. 토닥 토닥 토닥…….

언 땅을 딛고 가는 그 어린 발자국 소리가 오늘은 이상하게도 〈북청 물장수〉처럼 나의 가슴을 콩콩 아프게 디디면서 사라져 갔다. 열 한 살이나 된 소년일까?

우리 집 큰애도 초등학교 5학년 되던 해 겨울에 신문 배달을 한 일이 있었다. 행촌동 일대 가파른 언덕바지에 있는 120가구에 동아일보를 배달했었다. 불우한 이웃 돕기를 하는데 부모 돈을 타다가 학교에 내는 것은 착한 일이 못 된다고 생각한 것이 그 일을 시작한 이유였다고 훗날 그 애는 이야기했다.

학교에서 돌아오면 가방을 들이밀고, 농구화 끈을 질끈 고쳐 매고 바람이 쌩쌩 부는 대문 밖으로 총알같이 튀어 나갔다. 감기 기운이 있어 밥을 못 먹은 날도 쉬는 일 없이 시간을 맞추어 나가지 않으면 안 되었었다.

그 무렵 나는 집에 배달되는 신문을 집어 들 때마다, 날이면 날마다 집에 앉아 신문을 볼 수 있다는 이 엄청난 사실을 어찌하여 감동 없이 대해 왔었던가 하고 이상한 생각마저 들었었다.

눈 오는 날 신문을 젖지 않게 하려고, 작은 어깨를 구부려 품에 품은 뭉치를 감싸며 가는 소년을 보면 돌아서서 그 조그만 뒷모습을 언제까지나 지켜보곤 했었다. 그러던 것이 그 겨울이 가고 해가 바뀌고 하는 동안 어느 새 그 일이 다시 남의 일처럼 되어버렸던 것이다. 나는 이 건망증을 부끄럽게 생각한다.

겨울은 살아 있는 모든 것들이 함께 겪어야 할 시련의 계절

임에 틀림이 없다. 겨울날에는 가난이 그 남루한 모습을 더욱 더 앙상하게 드러내기 마련이다. 그러나 가난을 지그시 견디고 이겨내는 의지도 또한 이때에 더욱 견고하게 우리의 눈에 비친다.

만일 나에게 그림을 그리는 재주가 있다면 해가 진 뒤의 서쪽 하늘을 배경으로 산등성이에 쓸쓸히 서서 모진 바람을 견디고 있는 나목들의 표정을 그 가지에 후려치는 바람소리와 함께 그려서 나의 머리맡에 간직하고 싶다. 생활이 나의 작은 어깨에 버겁게 느껴지기만 하던 어느 해 겨울, 무악재 넘어 출퇴근하는 버스 속에서 나는 그 바람 부는 산비탈의 벌거숭이 나무들을 쳐다보며 말할 수 없는 마음의 평온을 찾았었다. 하루의 피곤도 빚 걱정도 잠시 잊고 의연하게 자신을 고쳐 세워보는 순간 순간……, 산비탈의 겨울 나무들은 나의 무언의 스승이었다.

겨울에 살아 있는 만물은 그것이 비록 땅바닥에 달라붙어 있는 한 뿌리 냉이라 할지라도 시련과 싸우는 굳은 의지의 표상 아닌 것이 없다. 이 무겁고 긴 겨울 속에서도 내가 아주 실망해 버리지 않은 것은 이 꼿꼿한 의지가 서로서로 연민하는 눈길로써 부추겨 주기 때문이다.

황권黃卷

〈황권黃卷〉이라 불리던 우리의 옛 책은 한지에 치자 물을 곱게 들여 밀을 칠한 종이로 표지를 한 데서 온 이름이라고 산정山丁 선생이 말씀하셨다. 표지를 잘 보면 어른어른한 무늬가 보이는 것은 목판에 무늬를 새겨 그 위에 치자 물로 본을 떴기 때문이다. 쪽물을 들인 천으로 책 귀퉁이를 싸서 마무리해 가지고 일정한 간격으로 매 놓은 모양, 이렇게 해서 만들어진 책은 손은 씻고 단정히 앉아서 한 장 한 장 넘기며 읽어야 할 것 같다. 한꺼번에 수천 수만 권씩 책을 찍어내는 오늘날에는 엄두조차 못 내는 일이지만, 멋은 비실용성을 이기는 여유에서 우러나는 것이다.

한옥은 실용적인 면에서 점점 우리와 멀어져 가는 것은 사실이나, 문에 창호지를 바르고 댓잎이나 국화 잎을 따다가 사이에 놓고 창호지를 덧발라 손잡이 언저리를 튼튼히 하고, 온돌방에 불 때고 콩 자루 굴리면서 길들여 가며 사는 여유만 가질 수 있다면 이것이야말로 우리 겨레만이 누릴 수 있는 생활의 멋이 될 것이다.

우리가 모두 흘러간 날의 영화를 우리 것으로 돌이킬 수 없다 하더라도 누군가가 그것을 전승해 준다면 더할 나위 없이 보배로운 일이다. 산정선생의 성북동 한옥 조촐한 사랑방은 그렇게 꾸며졌고, 그 방 서안에는 황권 한 책이 깔끔하게 놓여 있었다.

왼손

왼쪽 손목이 꽤 오랫동안 시큰거리며 아팠다. 글씨도 오른손이 쓰고, 쓰레질도 오른손이 하고, 무거운 것이라면 모두 오른손이 들고 하는데 그 오른손을 제쳐두고 왼손이 앓는다는 것이 왠지 괴이쩍은 생각이 들었다. 편치가 않으니 자연 왼손이 하는 일에 신경이 쓰이고, 또 나름대로 병이 난 원인을 규명해 볼 양으로 그것이 하는 일들을 점검해 보기도 했다.

일찍이 나는 왼손을 오른손과 분리해 생각해 본 일이 없었다. 그저 무슨 일이든 두 손이 하는 것으로 단순하게 생각해 왔다. 다만 손톱을 깎을 때 손 놀림이 어색하고 서툴기 짝이 없는 왼손을 의식했을 정도다. 생각하면, 오른손의 손톱을 깎아주는 경우 이외에는 이렇듯 생색이 나는 역할이 왼손의 몫으로 돌아오지 않으니 그럴 만도 하다.

그런데, 얼마간 왼손이 하는 일을 의식하며 보니 놀랍게 생각되는 것이 한두 가지가 아니다.

글씨는 오른손만이 쓴다고 생각하고 있었지만, 실은 종이 위에 술술 미끄럼을 타고 있는 오른손보다는 팔꿈치와 팔목과 손가락 끝에 힘을 주어서 종이를 고정시키고 몸의 균형을 잡아주는 왼손이 힘을 더 많이 쓰고 있고 참을성 있게 버티고 있다는 것을 알게 되었다.

운전을 하며 흔들리지 않도록 하는 것은 핸들을 돌리는 오른손의 공이라기 보다는 그것을 떠받들어 강도를 조절하는 왼손의 보조의 공이 더 크다는 것도 알게 되었다. 크게 커브를 돌 때, 왼쪽 팔목에 통증이 오는 것을 보아도 그것은 확실하다.

문고文庫본을 손에 들고 읽을 때 책장을 넘기기 쉽게 하려고 왼손 엄지손가락은 책장을 한 장씩 튕기게 한다. 오른손은 그것을 받아 살짝 넘겨주기만 하면 되는 것이다. 그러나 이 방법은 종서로 되어 있는 책을 왼쪽에서 오른 쪽으로 넘길 때에나 적용되는 것이므로 횡서로 된 책을 주로 읽는 젊은 세대에게는 통용이 되지 않을지 모른다.

바늘귀란 들어가기 어려운 것을 상징하는 말이다. 그런데 그 작은 바늘귀에 실을 꿰는 어려운 일을 오른손이 하지 않고 왼손이 하고 있는 것이다. 사람따라 하는 방법이 다를지 모르지만, 사람들에게 "바늘귀는 왼손으로 꿥니까, 오른 손으로 꿥니까?" 하고 물어 보면 아마도 서슴없이 "오른손이요" 라고 대답할 것이다.

오른손이 움직일 때, 왼손이 멍청하게 좌시하는 일은 거의 한번도 없다. 오른손이 하는 일이라면 자연스럽게 백지 장도 맞들려고 하고 찬물 더운물 가리지 않고 동시에 손을 담근다.

나는 양손을 책상 위에 나란히 올려 놓고 이런 저런 생각을 하며 내려다 본다.

손도 얼굴 못지 않게 나이를 먹는다. 지나온 세월의 이야기들을 손끝에, 손마디에 아로새기고 있다.

이 손으로 한여름 목화밭에 김을 맨 일이 있다. 모를 심고 벼를 베기도 했다. 아주 어렸을 적의 경험이지만, 그 일은 나에게 가장 든든한 힘의 밑바탕이 되어 주었다. 그 후 도시로 나와서 이런 일 저런 일 꿈꾸고 도전하며 살아오고 있지만, 필요하면 언제라도 흙으로 돌아가 살수도 있다고 하는 든든한 생각을 아주 버린 적은 없다. 발로 흙을 밟고 손을 놀려 일을 하는 것보다 더 확실한 것은 아마도 없을 것이다.

그래서인지 내 손은 일에 덤벼드는 것을 별로 두려워하지 않는다. 매듭이 굵어지고 주름살도 많은 손이다. 손바닥이 큰데 비해 균형이 맞지 않을 만큼 손목이 가느다랗다.

젊은 나이에 손목이 시큰거린다고 무명실로 매듭을 지어서 손목에 띠고 다니시던 작은 어머니 생각이 난다. 그 손이 왼손이었는지 오른손이었는지 생각나지 않지만, 손목이 아프다고 일손을 놓고 지내지는 못했던 것으로 생각한다.

사람들이 제각기 자신을 사랑하지 않는다고 하면 거짓말이 되겠지만, 나는 나 자신 어느 곳 하나 자랑할 만한 것을 갖지 못했다. 그러나 나의 손만은 부끄럽지 않게 생각하고 싶다. 그 중에서도 팔목이 시큰거리는 나의 왼손을 더 자랑하고 싶다.

요즈음 나는 이제부터의 나의 삶을 어떻게 살아가는 것이 좋을까 하고 자주 생각하는데, 몇 가지 스스로 답을 찾은 것 가운데 하나가 "왼손처럼 살아가자"라고 하는 것이다.

자장가

아들아이가 피리를 불고, 나는 그 소리에 맞추어 오랜만에 노래를 불렀다. 내 목소리는 생각대로 시원스럽게 나오지를 않고, 음정이 조금만 높아져도 쉿소리를 내며 끊겼다. "자장가 부르던 때의 엄마 목소린 참 고왔는데 ……." 아들 아이가 피리를 불다 말고 하는 소리다. 지금은 목소리가 영 글렀다는 이야기겠지.

"그래 옛날에는 자장가를 참 많이 불렀었지?"

나는 어린것들을 집에 남겨두고 줄곧 직장생활을 했었기 때문에, 마음 놓고 애들과 함께 할 수 있는 시간이란 저녁시간 밖에는 없었다. 그래서 잠들기 전에 동화책 읽어주는 일과 잠들려 할 때 자장가 불러주는 일이 내가 직접 그 애들을 위해 할 수 있는 가장 큰 일이었다. 애들이 자라면서는 그 자장가를 함께 부르고, 부르다가 내가 먼저 잠드는 일도 많았었다.

자장가를 부르던 일이 까마득한 옛 일이 되어버렸다.

자장가 이야기가 나온 김에, 우리는 모차르트의 자장가를 불러 보았다. 브람스의 자장가도 불러 보았다. 아기 별의 소록소록 잠드는 노래, 멍멍개가 짖고 꼬꼬 닭이 우는 노래, 아는 대로 들추어 내어 자장가의 레퍼토리를 펼쳐보았다.

자장가를 부르면서 나는 이 아이들의 요람 속에 있었던 지난 날을 생각한다.

"엄마, 내가 옛날 얘기 해 줄게. 여기 앉아." 하고, 방 문턱에 쭈그리고 앉아서 출근하려는 엄마를 조금이라도 더 오래 붙들어 두려고 서투른 말로 꼬시던 피리 부는 아이의 어릴 적 일도 떠오른다.

해질 녘이 되면 작은 아이는 늘 장독대에 올라가서 멀리서 합승 택시가 마을로 들어오는 것을 지켜보았단다. 나는 종로 5가에서 답십리 행 합승 택시에 편승하려고 이리 뛰고 저리 뛰고 했었지. 자동차 세 대를 놓치고 나면 정작 울고 싶었던 것은 나였었다. 이런 일들을 추억하며 한 차례 자장가를 부르고 나니, 맑은 물로 머리를 쏴아 하고 씻어낸 것처럼 시원한 기분이 된다. 그리고 애들이 아주 어렸을 적에 그들에 대해서 내가 품었던 순수한 마음을 잠시 되찾는 듯한 느낌이다.

손으로 만지기조차 조심스러운 여리디 여린 생명이 평화롭게 잠든 모습을 내려다 보고 있으면, 어찌 그 어머니의 마음이 경건해지고 숭고해지지 않을 수 있으랴. 요람을 조용 조용 흔들면서 그 꽃잎보다도 더 여린 입과, 어설픈 코와, 보드라운 머리를 내려다 보며 부르는 어머니의 자장가는 노래라기 보다는 기도라 해야 옳을 것이다. 그 기도 속에는 감히 세속적인 욕심이 깃들일 수가 없다. 자장가에는 〈착하고 아름답게〉라고 하는 말을 즐겨 쓰고 있지만, 이 말속에는 평화에 대한 갈망과 미에 대한 동경과 그 밖에 가장 진실 된 것에 대한 기대가 가득 담기는 것이다.

그런데 아이들이 성장함에 따라서 어머니들은 차츰 자기의 아이를 한 숭고한 생명으로서 대하던 본래의 마음을 잊고, 남과 대립하고 경쟁하는 존재로 인식하기 시작한다. 그리고 그들에 대한 기대도 변질을 하게 된다. 좋은 것으로 먹이고 좋은 것으로 입히고 좋은 학교를 보내고 또 출세를 시키고 싶은 욕망이 모성애라는 이름으로 활개를 친다. 이 욕망이 서로 부딪히고 깨지고 하는 소리를 시끄럽게 들으면서 우리는 사랑하는 자녀들을 그 속으로 밀어 넣는 아픔을 체험한다.

그래서 나는 아이들을 요람 속에 키우던 그 시절을, 아니 그 시절에 지녔던 나의 순수한 마음을 그리워한다. 고운 말이 아니면 입에 담기를 삼가고 웃는 얼굴이 아니고는 젖을 물리지 않고, 헛된 욕심을 품었다가는 어린 생명 위에 재앙이 내릴까봐 두렵던 그 시절의 마음을. 자녀들이 성장해 버린 뒤에도 어머니들이 가끔 자장가를 불러 보는 것도 나쁘지는 않을 것 같다.

율리아

가장 유서 깊은 러시아적 풍경은, 금빛 찬란한 돔을 머리에 인 장엄한 정교회 사원들이 요지마다 그윽한 숲에 에워 싸여 들어앉은 광경이다. 그런데, 그 사원들이, 공산주의 소련 치하에서 유린당한 상흔이 알마나 깊었던지, 아직도 여기저기 폐허로 방치된 채로 남아 있는 곳이 많이 있었다.

내가 몸 담고 있었던 브라디보스토크의 극동대학교 한국학대학에서 바라다보면, 담 너머로 개축중인 사원이 한눈에 들어왔다. 아담한 규모로 벽돌을 탄탄하게 쌓아 올려, 돔이 올라갈 5층 꼭대기까지 대충 윤곽이 잡혔는데 더 이상 공사를 하는 흔적이 보이지 않았다. 저 건물은 누가 짓는 것이며 왜 공사를 하다 말다 하느냐고 교직원 후로리다에게 물었더니, 어디서 짓는 것인지는 몰라도 짓다 말다 한 것이 벌써 5년째라는 대답이었다.

시내에서 공항으로 가는 길목 우그라보에라는 곳에도, 길가에서 멀지 않은 데에 교회의 폐허가 있었고, 근처에 약간의 건축 자재가 아무렇게나 흐트러져 있었지만, 공사를 지속하고 있는 것 같지 않았다. 그 근처에는 늘 장이 서고 있어 과일을 살 겸 자동차에서 내려서 들여다보니, 장차 지붕 위에 얹을 돔을 새로 만들어다 둔 것이 보였다. 일하는 사람은 보이지 않고 일하는 순서도 짐작을 할 수가 없다.

우리를 태워다 준 운전수의 말에 의하면 소련 시절에 그 교회는 인민재판과 공개 처형장으로 쓰였었다고 하니, 그 원한과 피를 씻고 성당으로 정화되기기 까지는 아직도 더 긴 세월을 필요로 하는 것인지 모를 일이다.

내가 살고 있는 대학 기숙사에서 5분 거리에 아름다운 ≪파크 로프스키≫ 공원이 있다. 우거진 수풀 사이로 이리저리 산책로가 나 있고 군데군데 휴식 공간이 있어 쉬어 가도록 밴치도 놓여 있었지만, 숲이 너무 깊어서 혼자 걷기에는 좀 어둡고 을씨년스러운 곳이다. 알고 보니, 구 제정 러시아 시절에는 그곳에 커다란 정교회 사원이 자리하고 있었으며, 그 공원은 그 사원에 딸린 공동묘지였다고 한다. 소련시대에 교회는 헐리고 그 자리에 레닌 동상이 세워졌으며 공동묘지는 시민의 휴식 공간으로 개조되었다는 것이었다.

내가 갔을 때에는 레닌 동상은 이미 헐려 없어지고, 입구

가까운 곳에 아주 작고 예쁜 예배당이 서 있었다. 그리고 그 근처에는 앞으로 복구될 웅장한 사원의 예상도가 높이 걸려 있었다.

바로 사원 재건의 예정지라는 그 광장에 일요일 아침에는 벼룩 시장이 선다. 오래 쓴 머그 잔, 헌 스푼, 편지지 편지봉투, 머리 핀, 옷 핀……, 이런 것들이 할 일을 잃은 러시아 영감님들이 보자기 하나씩 깔아 놓고 벌린 장마당이다. 그래도 나는 어쩌다 만나는 옛 러시아의 그림엽서 뒤지는 재미와 비좁은 예배당에 들어가 할머니들의 틈에 끼여 몇 번이고 성호를 긋고 절을 하는 의식에 참여하는 것이 좋아서 주일 아침마다 그곳을 찾아 갔었다.

부라디보스토크에서 두루리 버스라고 하는 무궤도 전차를 타고 1시간 남짓 가는 휴양지 세단카에는 아주 오래 된 정교회 수도원이 옛 모습 그대로 남아 있었다. 어지러운 세상에서 성큼 물러나서 그윽한 숲에 에워싸여 침묵하고 있는 육중한 사원을 오가며 멀리서 바라다보며, 내가 러시아 땅에 와 있다는 것을 실감했었다. 그 사원에서는 일요일마다 성도들이 모여 제대로 격식을 갖추어 예배를 드린다고 들었다.

러시아 극동대학 교환교수로 와 있는 미국인 료빈 교수의 주선으로, 제자의 안내를 받아, 그 분 내외와 함께 같이 멀리서 바라다보기만 했던 그 그림 속으로 발을 드려놓게 되었다.

우리를 그곳에 안내해 준 여학생은 극동대학 인도어과에 재

학중인 율리아였다. 그녀는 나호트카에서 유학을 와서 기숙사에 들어와 있는데, 부모가 다 의사이고 외동딸이며, 고향의 교회에서 성가대 지휘를 맡고 있었다고 했다.

우리가 찾아간 고풍한 사원은, 원래 마르타와 마리아 연합 교회에 속한 수녀원으로 전화戰火와 공산주의 압제에 휩쓸리지 않고. 드물게 고풍한 모습 그대로 보존되어 있는 곳이다. 소련 시대에 수많은 교회들이 훼손되어, 주일날이 되어도 예배 드릴 곳이 없는 사람들이 원근에서 모여들어 지금은 신도들의 예배소로 쓰이고 있는 모양이다. 별로 장식이 없는 육중한 내부의 예배소는 아이콘으로 장식된 나무 벽으로 성소와 지성소가 구획되고, 사제는 절차에 따라 문을 열었다 닫았다 하며 지성소와 성소를 드나들면서 예배를 이끌어 갔다. 성가대는 지성소 가까이에 자리를 잡고 예배가 진행되는 동안 쉬지 않고 성가를 불렀다. 러시아 정교회 예배에서는 반주 악기를 쓰지 않는 것이 특징이다. 그래서인지 성가대의 찬가는 더욱더 청아하게 들렸다.

러시아 정교회의 예배소에는 신도들을 위해 좌석이 따로 마련되어 있지 않았다. 말하자면 지성소를 정화하고, 제물을 바치고 흠향을 바라는 기원이 사제와 성가대의 노래로 대신한다. 장장 두 시간이나 계속되는 예배였다.

그 긴 의식 중. 성도들이 함께 성가를 부르는 순서가 두 번 있었다. 우리의 안내자 율리아는 내 곁에 서서 해맑은 목소리로 아주 조용히 노래했다. 천상에 도달할 수 있는 성결한 소리가 있다면 바로 이런 소리가 아닐까. 생각하며 경건한 마음으로 그 소리에 귀를 기울였다.

성당에서 나오면서, 여기 온 기념으로 매점에서 아이콘을 하나 사 가지고 가고 싶다고 했더니, 율리아는 자기가 골라주면 안 되겠느냐고 물었다. 그럼 두 개만 골라 달라고 부탁했다. 이것저것 살펴보고 비교해 보며, 그의 얼굴에 즐거운 웃음꽃이 피고 있었다, 그 중의 하나를 여기에 온 기념품이라며 그녀에게 주었더니, 한사코 사양을 했다. 작은 아이콘은 하나에 우리 돈 5,000원 정도 밖에 안 되지만 그 정도의 돈도 러시아의 대학생이 함부로 만질 수 있는 액수가 아니다. 율리아는 부모가 다 의사이지만, 두 분 다 두 달치 월급을 못 받고 있다고 웃으면서 말했다.

한 방에서 네 명이 기거하는 기숙사 방 책상 위에 그 아이콘을 장식하고 촛불을 켜며 율리아는 가끔 그 고운 목소리로 찬송가를 부를 것이다. 러시아 교회의 늙은이들 틈에 끼여 엄숙하게 예배에 동참하는 청소년들의 모습은 이른 봄에 채 녹지도 않은 땅을 비집고 피어나는 어린 싹을 보는 기쁨이었다.

낙천가樂天家

나의 친구 중에는 캔디 하나를 집어 먹는 데에도 꼭 손을 씻어야 하는 철저한 위생가가 있다. 이 친구하고 어쩌다 함께 점심이라도 먹게 되면 나의 입맛은 싹 가시어 버리고 만다. 상추 잎을 앞으로 뒤로 제쳐 가며 눈을 밝히고 들여다본 후에 마지 못해 밥을 조금 싸서 조심조심 먹는다. 설령 그가 속으로 먹는 일을 즐기고 있을는지 몰라도, 마주 앉아 있는 사람에게는 결코 즐겁게 보이지가 않는다. 그 사람이 몸이 약해서 이처럼 위생가가 되었는지, 지나치게 철저한 위생가가 되어서 몸이 약해졌는지 알 수가 없다.

나는 음식에 대해서는 비교적 소탈한 편이어서 외국에 여행하는 동안에도 음식 때문에 곤란을 겪었다거나 한 기억이 없다. 그리고 음식 투정을 부리는 사람이 무엇보다도 질색이다.

집의 아이들을 야단치는 일이 좀체 없는 나도 음식을 두고 이러쿵저러쿵 불평을 할 때면 그대로 보아 넘겨주지 않았다. 음식은 언제나 주어진 것을 감사하는 마음으로 즐겁게 먹되 너무 많이 먹지 않는다는 것이 나의 신조다. 이렇게 하는 것이 자연의 축복을 누리고 사는 우리로서 겸손한 자세라고 믿기 때문이다.

나는 충치 하나 없고 이가 모두 다 튼튼하다. 유전이라면 몰라도 내가 특별히 이의 관리에 신경을 써 온 것이 아니기 때문에 이가 튼튼한 것은 혹 잔 생선의 뼈를 많이 먹은 게 그 이유가 아닌가 생각되기도 한다. 모래무지를 간장에 졸이면 식구들이 살만 발라먹고 머리만 남겨 두는데 이걸 버릴 수가 없어 추려 먹곤 하다가 이젠 그 구수한 맛에 깊이 매혹되어 버렸다. 칼슘을 따로 먹는 것보다는 낫다는 생각도 든다.

나는 5층이나 6층에 걸어서 올라가거나 몸을 굽혀 마루바닥을 닦거나 하는 일을 별로 싫어하지 않는다. 샘물은 자꾸 퍼써야 물구멍도 더 시원스럽게 열려 언제나 생수가 더 힘 있게 솟는다. 사람의 에너지도 알맞게 사용을 해야 신진대사가 잘 되고 또 새로운 힘도 솟는 법이다. 집안 청소, 빨래, 목욕탕에서 몸 씻는 일까지 다 남 시키고 한 1 키로 미터 거리만 갈래도 택시를 타려고 하는 사람이 헬스클럽에 가서 새삼스럽게 열심히 운동을 하는 것을 보면 나는 참 안타까운 생각이 들곤 한다.

나는 또 잠을 잘 잔다. 부부싸움을 하고도 자리에 누워 한 10분 있으면 어느새 잠들어 버리고 마는데, 잘 자고 아침에 일어나면 분한 생각도 억울한 생각도 다 잊어버리고 다시 생글생글한다. 이런 나를 남편은 참 한심스럽다고 하지만 이것은 아무리 나 혼자 낙천적인 사람이 되려 하여도 주변이 나를 심히 압박하면 될 수 있는 일이 아닐 것이다. 그러나 한편 생각하면 구속이 없는 환경은 어느 정도 자신의 노력에 의해 스스로 만들어 가는 것이라고 생각할 수도 있다.

무엇이든 감사하는 마음으로 알맞게 먹고, 잘 소화시키며, 열심히 일하고 잠 잘 자면 이에서 더한 건강 관리법이 따로 필요할 것 같지 않다. 나는 지금 생각으로는 장수하고 싶은 생각은 별로 없지만 사는 날까지는 건강하게 일하며 생활하고 싶다.

연보

•약력

1932	전남 영암에서 출생.
1951	목포항도여자중학교 6년제 졸업.
1955	서울대대학교 문리과대학 국어국문학과 졸업.
1955. 4 ~ 1969	서울 정신여고와 서울여자상업고교에서 국어 교사로 봉직.
1969. 4.	서울 관동출판사 편집 주간.
1972. 3.	월간 수필문학사의 편집인과 주간 겸임.
1977. 9 ~ 1980. 2	한국외국어대 대학원 일문과 석사과정 수료.

석사학위 논문 : 일본 고전 수필 "쓰레즈레구사(徒然草)의 문학성 연구"

1980. 3	경기대학교 일어 일문학과 전임강사로 취임.

동대학 재임 기간 중, 일본 도오쿄東京대학 문학부 객원연구원으로 1년 연구생활을 했으며, 러시아 극동대학교 한국학대학에서 1 년간 교환교수로 한국어문학을 강의했다.

1998년 경기대학교를 정년 퇴임하고, 2001년부터 모스크바대학 한국학국제학술센터의 한국문학 번역 사업 지도위원으로 취임, 한국단편소설 선집 2권과, 피천득 수필집 러역판 "인연(Karma)" 공동 역자로 동참했다.

•수필집

≪그림 속의 나그네≫ (1978년 서울 관동출판사), ≪나의 만남 나의 사랑≫ (1987년 서울 어문각), ≪두고 떠나는 연습≫ (2003년 모스크바대 한국학 출판부와 서울 "삼우반" 출판사에서 동시 출판)

현대수필가 100인선 · 15
김효자 수필선

울타리

초판인쇄 | 2008년 4월 5일
초판발행 | 2008년 4월 10일

지은이 | 김 효 자
펴낸이 | 서 정 환
펴낸곳 | 좋은수필사

주　소 | 서울시 종로구 익선동 30-6
운현신화타워 빌딩 3층 305호
전　화 | 02)3675-5635, 063)275-4000
등　록 | 1984년 8월 17일 제28호
홈페이지 | http://www.shin-a.co.kr
e-mail | essay321@hanmail.net

값 7,000원

ISBN 978-89-5925-284-8 04810
ISBN 978-89-5925-247-3 (전 100권)

* 저자와 협의하여 인지는 생략합니다.
* 잘못된 책은 바꿔 드립니다.